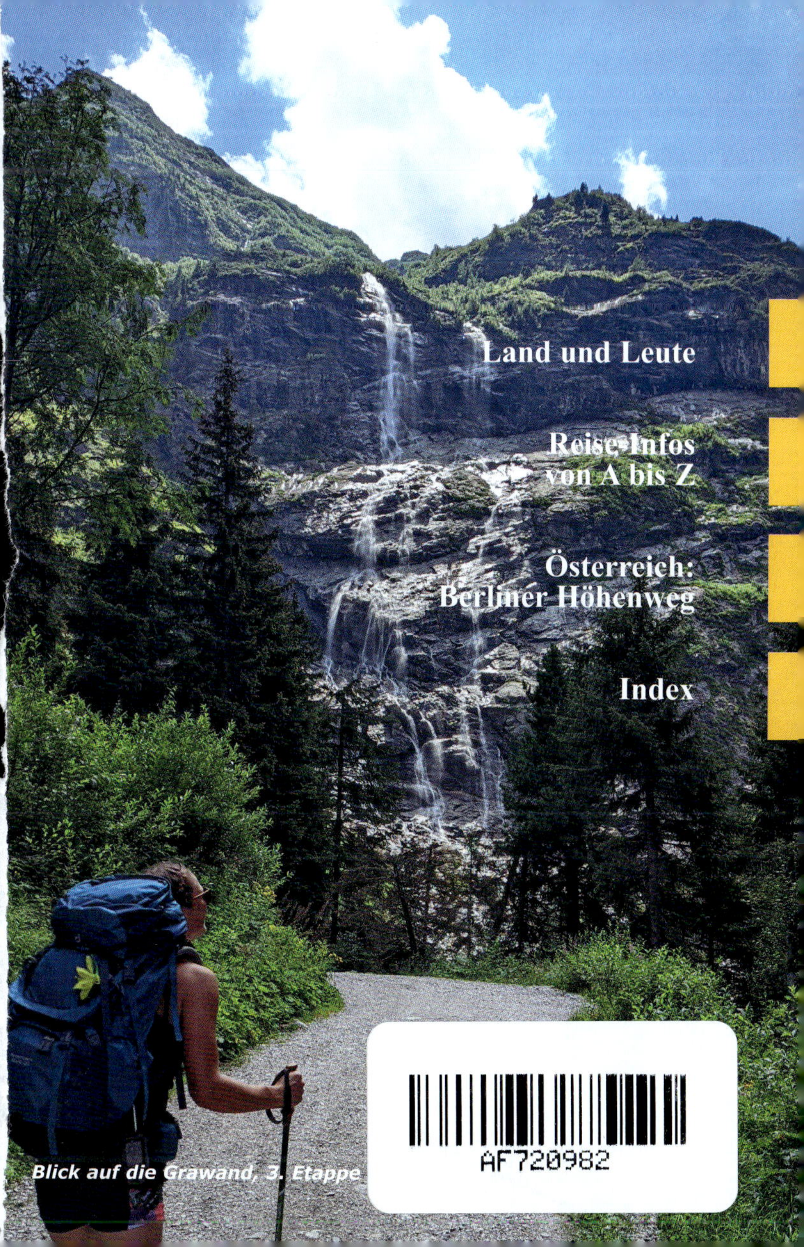

Blick auf die Grawand, 3. Etappe

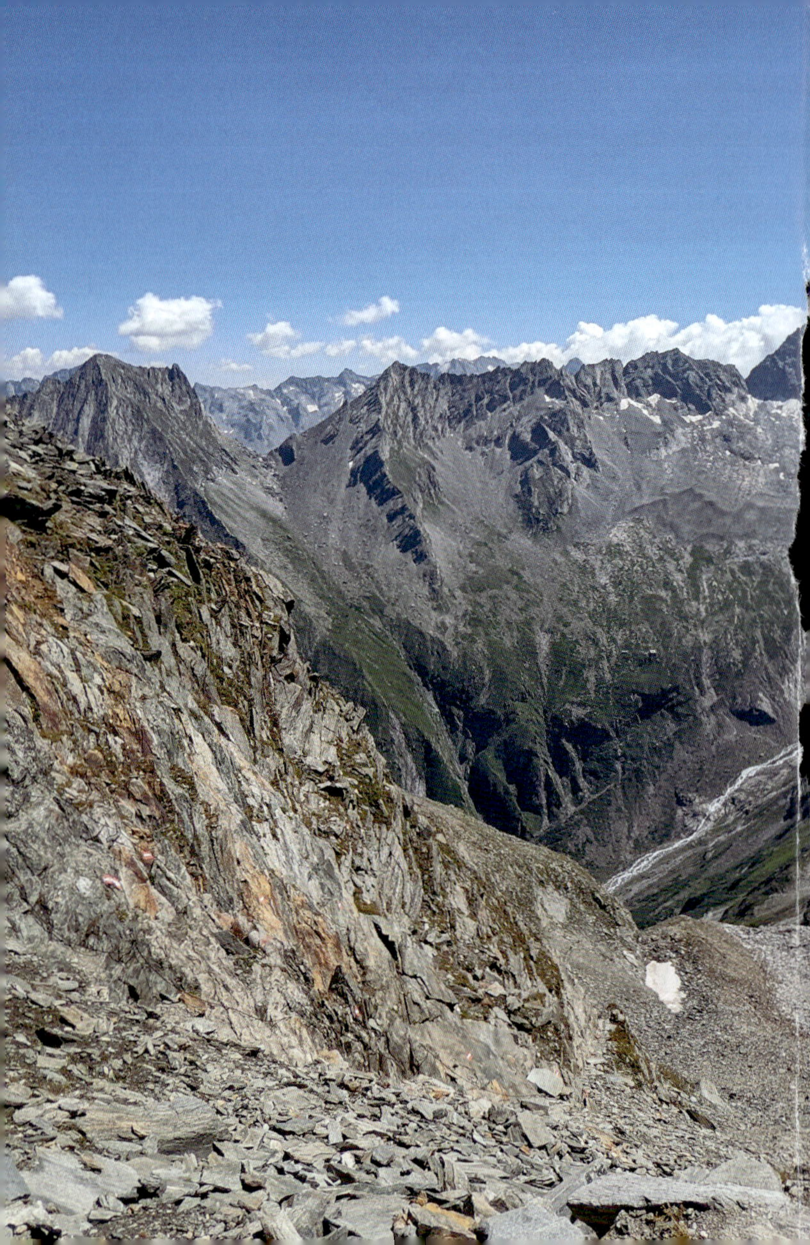

Band 482

OutdoorHandbuch

Annika Witte

Österreich: Berliner Höhenweg

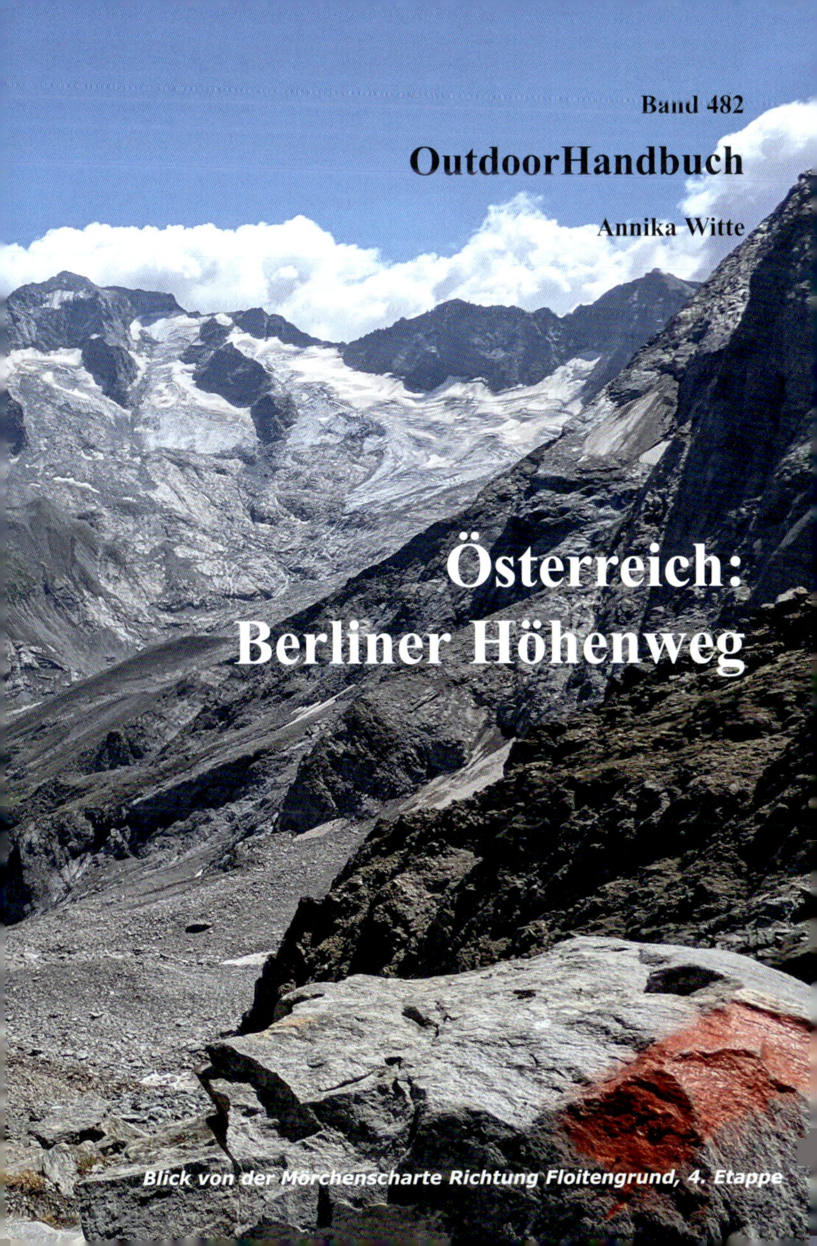

Blick von der Mörchenscharte Richtung Floitengrund, 4. Etappe

Österreich: Berliner Höhenweg

Dieses OutdoorHandbuch wurde konzipiert und redaktionell erstellt vom:

Conrad Stein Verlag GmbH
Kiefernstr. 6, 59514 Welver
☏ 023 84/96 39 12
info@conrad-stein-verlag.de
www.conrad-stein-verlag.de
www.facebook.com/outdoorverlag
www.instagram.com/outdoorverlag

Klimaneutral
Druckprodukt
ClimatePartner.com/53106-2303-1006

Als Outdoor-Verlag sind uns der Schutz und die Erhaltung der Natur seit jeher ein besonderes Anliegen. Auch in Sachen Klimaschutz haben wir eine Vorreiterrolle inne: Wir sind der einzige Buchverlag in Deutschland, der bereits seit 2008 seine Bücher konsequent klimaneutral in Deutschland produzieren und transportieren lässt. Dabei wird nicht nur klimaneutral, sondern auch nachhaltig, d. h. so umweltschonend wie möglich produziert, z. B. durch die Auswahl von umweltfreundlichen Materialien. Die bei der Produktion der Bücher entstandenen CO_2-Emissionen werden durch die Unterstützung von zertifizierten Klimaschutzprojekten ausgeglichen. Jedes Buch wird daher mit dem Logo „klimaneutral" und einer ClimatePartner-Zertifikatsnummer versehen. Mithilfe dieser Nummer können Sie unter www.climatepartner.com Informationen zu der eingesparten CO_2-Menge und dem Projekt finden, das mit der Abgabe gefördert wird.

Das Engagement des Conrad Stein Verlags wurde im Rahmen des Projekts „Klimaneutraler Buchverlag" mit dem Westenergie Klimaschutzpreis 2022 ausgezeichnet.

OutdoorHandbuch Band 482

ISBN 978-3-86686-741-3 1. Auflage 2023

Text und Fotos: Annika Witte
Karten: Heide Schwinn
Lektorat: Ricarda Kuschma
Layout: Alexandra Sauerland

Gesamtherstellung: AZ Druck und Datentechnik GmbH, Kempten

Dieses OutdoorHandbuch hat 96 Seiten mit 35 farbigen Abbildungen sowie 9 farbigen Kartenskizzen im Maßstab 1:60.000, 9 farbigen Höhenprofilen und einer farbigen, ausklappbaren Übersichtskarte.

Alle Informationen, schriftlich und zeichnerisch, wurden nach bestem Wissen zusammengestellt und überprüft. Sie waren korrekt zum Zeitpunkt der Recherche. Eine Garantie für den Inhalt, z. B. die immerwährende Richtigkeit von Preisen, Adressen, Telefonnummern und Internetadressen, Zeit- und sonstigen Angaben, kann naturgemäß von Verlag und Autorin – auch im Sinne der Produkthaftung – nicht übernommen werden.

Autorin und Verlag freuen sich über Ihr Feedback. Schreiben Sie Ihre Tipps und Verbesserungen an info@conrad-stein-verlag.de oder nutzen Sie unsere Social-Media-Kanäle. Bitte nennen Sie dabei Titel, Auflage und Seitennummer.

Dieses Buch ist im Buchhandel und in Ausrüstungsläden erhältlich und kann im Internet oder direkt beim Verlag bestellt werden.

Titelfoto: Abstieg mit Blick auf Schlegeisspeicher, 2. Etappe

Inhalt

Einleitung 8

Land und Leute 10

Geschichte 12
Hochgebirgs-Naturpark Zillertaler Alpen 13
Flora und Fauna 14
Geologie 17

Reise-Infos von A bis Z 18

Anforderungen 20
Anreise 20
Ausrüstung 22
Diplomatische Vertretung 23
Einkaufen 24
Elektrizität 24
Essen und Trinken 24
Geld 26
Informationsadressen 26
Klima und Reisezeit 26
Landkarten und GPS 27
Markierungen 28
Medizinische Versorgung 28
Müll 28
Notruf 29
Post 29
Radfahren 30
Sprache 30
Telefon und Internet 30
Unterkunft 31
Updates 32
Verkehrsmittel 32
Versicherung 33

Wandern mit Hund		33
Zoll		33
Der Berliner Höhenweg		34
Aufstieg: Finkenberg – Gamshütte	6,0 km	36
1. Etappe: Gamshütte – Friesenberghaus	14,0 km	43
2. Etappe: Friesenberghaus – Furtschaglhaus	13,9 km	49
3. Etappe: Furtschaglhaus – Berliner Hütte	8,3 km	56
4. Etappe: Berliner Hütte – Greizer Hütte	9,8 km	65
5. Etappe: Greizer Hütte – Kasseler Hütte	9,7 km	71
6. Etappe: Kasseler Hütte – Karl-von-Edel-Hütte	12,7 km	77
Abstieg: Karl-von-Edel-Hütte – Mayrhofen	10,6 km	83
Index		92

☺ Eine **Übersichtskarte** des Weges, **Autorinnenprofil** sowie eine Liste aller verwendeten **Symbole** in diesem Buch finden Sie auf den vorderen und hinteren Umschlagseiten bzw. -klappen.

Einleitung

Der Berliner Höhenweg ist ein 85 km langer, hochalpiner Fernwanderweg und befindet sich im österreichischen Tirol. Auf sechs anspruchsvollen Etappen plus Auf- und Abstiegsetappe bestreiten Sie über 6.600 Hm und besteigen dabei sogar einen der Zillertaler 3.000er-Gipfel. Von Finkenberg im südlichen Zillertal geht es gegen den Uhrzeigersinn zum Schlegeisspeicher an der italienischen Grenze und zurück ins Tal bis nach Mayrhofen. Natürlich ist das Erwandern auch andersherum möglich, es empfiehlt sich aber wegen einiger schwieriger Ab- und Aufstiegspassagen in diese Richtung zu laufen.

Die Tour durch die alpinen Bergwelten ist eine reine Hüttentour mit klar definierten Etappen. Übernachtungsmöglichkeiten zwischendurch oder Möglichkeiten, Etappen zu teilen gibt es meist nicht. Aus diesem Grund sind die Hütten auch optimal auf die Bergsteigerinnen und Bergsteiger vorbereitet und lassen das Wanderherz höherschlagen.

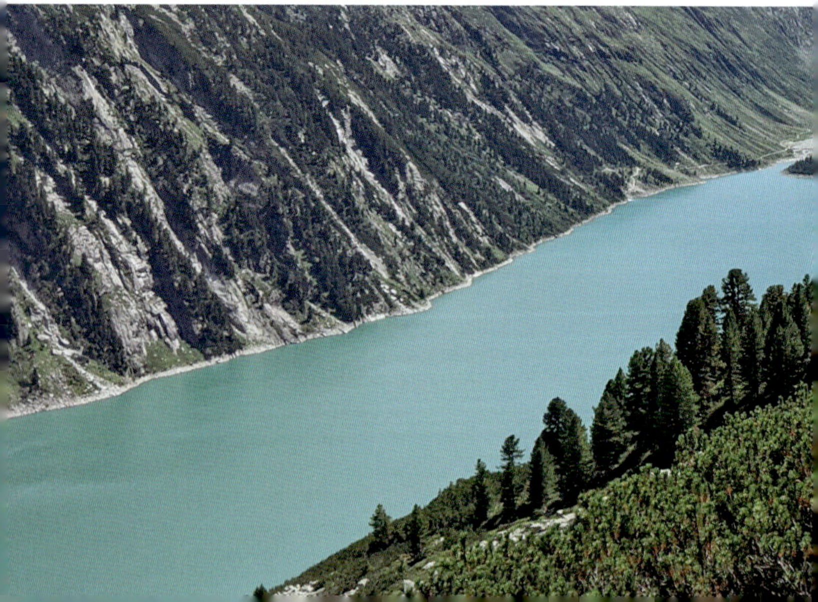

In traditioneller und warmer Atmosphäre geht es auf den Hütten fast familiär zu und nach dem Abendessen mit regionaler Küche in den gemeinschaftlichen Speiseräumen wird das ein oder andere Gesellschaftsspiel und Musikinstrument ausgepackt. Hier bleibt man selten allein.

Alle Hütten sind auch direkt vom Tal aus erreichbar, bei den einen mit längeren, bei den anderen mit kürzeren Auf- bzw. Abstiegen. So ist es also grundsätzlich möglich, nur einen Teil der Strecke zu laufen oder Etappen zu überspringen.

Belohnt wird man für die schwierigen Strecken mit steilen Anstiegen und Kletterpassagen quasi durchgängig: 365-Grad-Alpenpanoramablick und nahezu unberührte Natur, soweit das Auge reicht. Und das jeden Tag aufs Neue. Höhepunkte der Tour sind, neben der atemberaubenden Bergwelt an sich, beispielsweise die berühmte Hängebrücke an der Olpererhütte, der blau-türkise Schlegeisspeicher, die Überquerung des Schönbichler Horns und die denkmalgeschützte Berliner Hütte.

Abstieg von der Olpererhütte mit Blick auf den Schlegeisspeicher, 2. Etappe

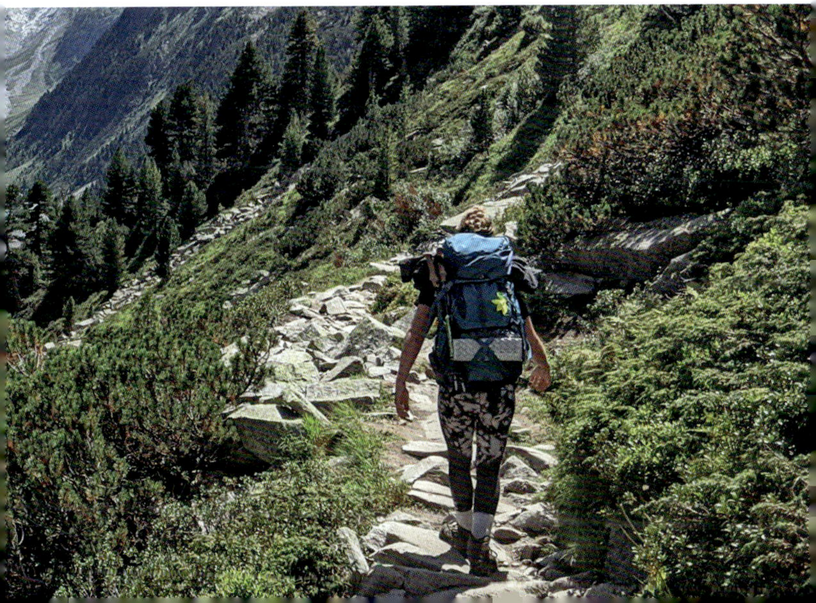

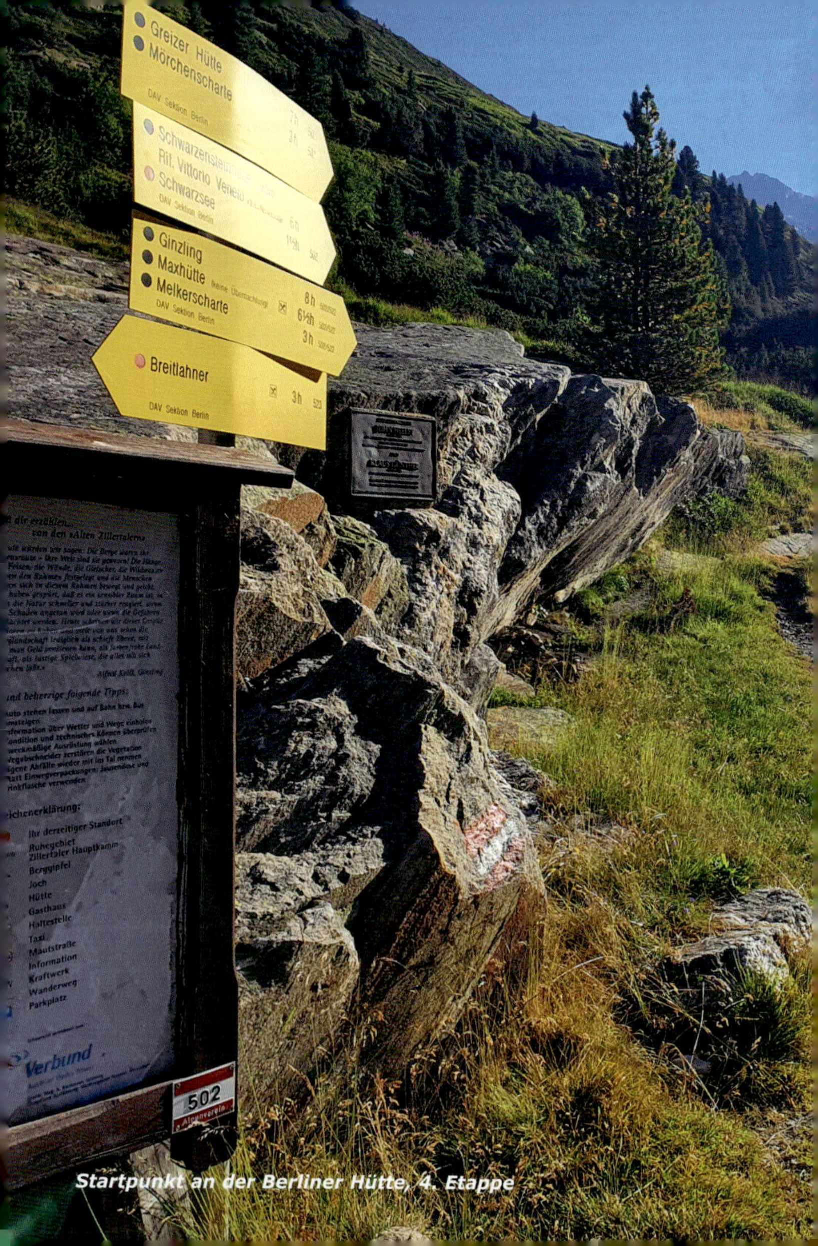

Startpunkt an der Berliner Hütte, 4. Etappe

Land und Leute

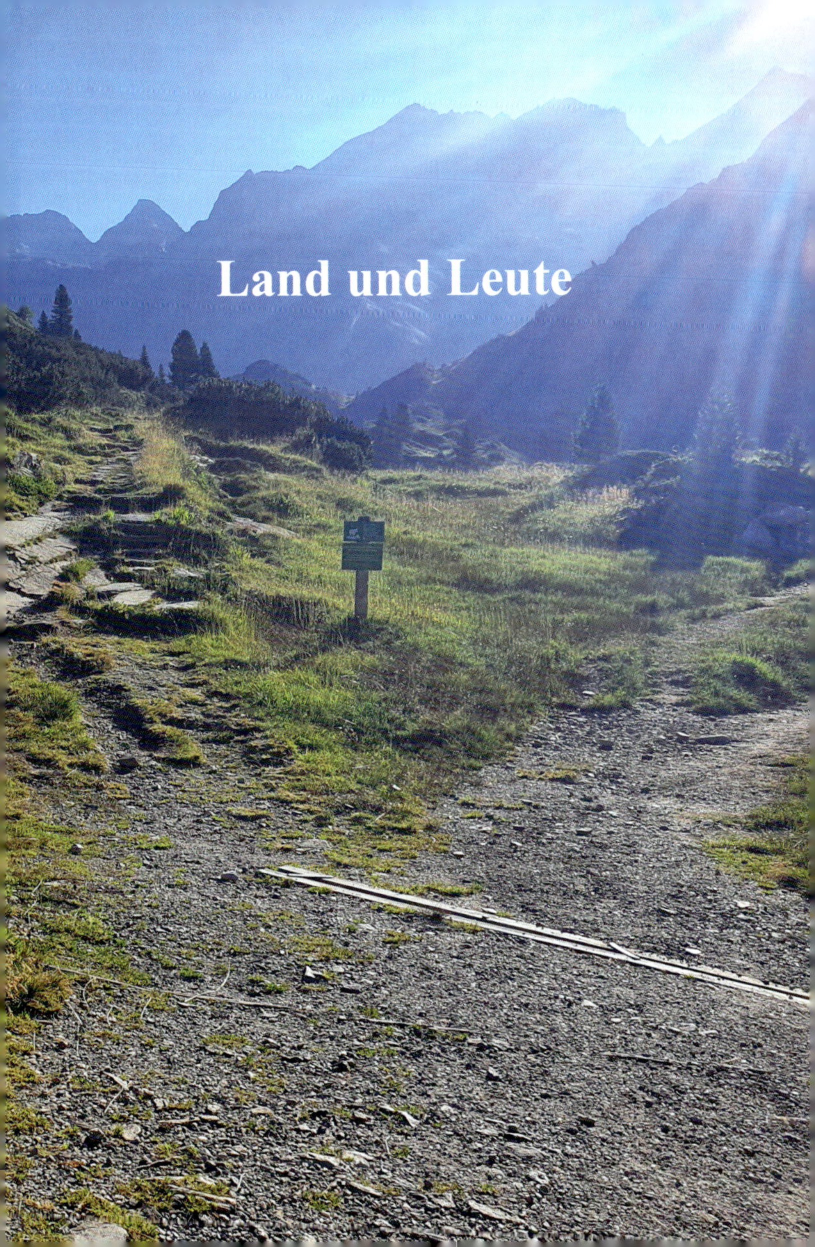

Das Bundesland Tirol bietet mit seiner Lage den perfekten Urlaubsort für große und kleine Alpinistinnen und Alpinisten oder diejenigen, die es gerne werden wollen. Von themenbezogenen Familienwanderungen über anspruchsvolle Gletschertouren sind der Wanderlust keine Grenzen gesetzt. Das Netz aus Fernwanderwegen und Tagesetappen, Mountainbikestrecken und Kletteranlagen ist genauso gut ausgebaut wie das Skiangebot in den Wintermonaten. Mit mehr als 80 Skigebieten und 3.400 Pistenkilometern ist die Dichte an Wintersportanlagen so groß wie sonst nirgendwo in den Alpen.

Innsbruck, die Hauptstadt Tirols, lädt mit seiner Architektur, Geschichte und Kultur ebenfalls zu einem Besuch ein. Nur eine Autostunde vom Berliner Höhenweg entfernt gibt es im Basislager für Hochgebirgsausflüge viel zu entdecken, wie die Skisprungschanze, von Stararchitektin Zaha Hadid entworfen, oder die wunderschöne Altstadt. Auf der Schanze treten übrigens, frisch ins neue Jahr gestartet, jährlich die Besten der Welt beim Bergiselspringen an, dem dritten Stopp der Vierschanzentournee.

Einer der spektakulärsten Bräuche in Tirol ist das Sonnenwendfeuer, das sogar zum UNESCO-Weltkulturerbe ernannt wurde. Mitte Juni, zur Sommersonnenwende, werden hier auf zahllosen Berggipfeln in Tirol Feuer entfacht, um den längsten Tag des Jahres zu feiern. Von einfachen Flammen am Bergkamm bis hin zu lange geplanten Feuermotiven verzaubert der Anblick jedes Jahr Besucherinnen und Besucher, aber natürlich auch die Einheimischen selbst.

Geschichte

Die Geschichte des Fernwanderweges ist ebenso beachtlich, denn hier wandert man bereits seit mehr als 150 Jahren durch das Zillertal. Und auch die Hütten blicken auf eine lange und spannende Vergangenheit mit Jahrzehnten voller naturbegeisterter Tourengängerinnen und Tourengänger zurück.

Im 19. Jahrhundert legte die Sektion Berlin des Deutschen Alpenvereins mit der Einweihung der Berliner Hütte den Grundstein für den Bergtourismus im hinteren Zillertal. So wurde auch der Höhenweg nach der Hauptstadt des damaligen Deutschen Kaiserreiches benannt.

Zuvor war 1870 der Deutsche Alpenverein gegründet worden, der Liebhaberinnen und Liebhaber der Berge vereinen und die touristische Erschließung der Alpen vorantreiben sollte. Anfangs mit wenigen Mitgliedern, aber großen Ambitionen ist der DAV heute mit über 20.000 Mitgliedern die größte nationale Bergsteigervereinigung der Welt und der viertgrößte Sportfachverband Deutschlands. Neben der Betreuung von Hütten und Touren und dem Bergsport selbst gehört auch der gesamte Bereich des Klettersports zum Verein. Daneben sind der Naturschutz und der Umgang mit der Klimathematik ein Arbeitsbereich der vielen Mitglieder, Angestellten und Ehrenamtlichen. Mitglied kann jeder werden, der möchte, und bekommt durch den DAV nicht nur interessante Neuigkeiten rund um den Bergsport, sondern auch Vergünstigungen in den Hütten und Kletterhallen des DAV sowie eine Unfallversicherung bei alpinistischen Aktivitäten.

Hochgebirgs-Naturpark Zillertaler Alpen

Auf 422 km² erstreckt sich der Hochgebirgs-Naturpark Zillertaler Alpen von 1.000 Hm im Tal bis auf 3.509 Hm am Hochfeiler. Das Prädikat Naturpark wurde von der Landesregierung Tirol für Flächen ausgestellt, die besondere Natur- und Kulturlandschaften besitzen und daher schützenswert sind. Neben den Parks Tiroler Lech, Kaunergrat, Ötztal und Karwendel ist er einer von fünf Naturparks, in denen charakteristische Landschaftsräume bewahrt werden sollen. Das Gebiet reicht von Finkenberg und Mayrhofen im Norden bis zur italienischen Grenze im Süden und umschließt im Westen den Tuxer Hauptkamm und im Osten den Speicher Zillergründl. Eingeschlossen werden so auch die fünf Seitentäler des Zillertals, die wegen der Weidegründe im Talschluss auch Gründe genannt werden. Hier laufen unter anderem der Zillergrund, der Stillupgrund und das Tuxer Tal zusammen und bilden den südlichen Ausgangspunkt des Zillertals, das die Tuxer Alpen von den Kitzbühler Alpen trennt.

Im Herzen des Hochgebirgs-Naturparks liegt das kleine Bergsteigerdorf Ginzling mit dem Naturparkhaus. Hier gibt es neben der Verwaltung auch ein Informationsbüro, ein Museum und eine Bergsteigerbibliothek, die sich dem Thema widmen.

Nicht nur der Schutz allein spielt eine Rolle, sondern auch der bewusste Tourismus, die Erholung und die Wissensvermittlung. So sind an zahlreichen Stellen auf dem Berliner Höhenweg Tafeln aufgestellt und im gesamten Park Informationspunkte, Themenwege und geführte Wanderungen eingerichtet, um erlebnisorientiert über Forschung, Natur und Geschichte der Alpenregion aufzuklären.

Flora und Fauna

In den Trogtälern, die über Jahrmillionen durch Gletscher ausgeschürft wurden, und auf den Bergketten des Zillertals lässt sich ein enorm großer Artenreichtum finden. Denn sowohl Pflanzen als auch Tiere fühlen sich auf den unterschiedlichen Höhenstufen mit den vielfältigen Lebensräumen sehr wohl.

Besonders bei den Auf- und Abstiegsetappen lernen Sie die knorrigen Bergwälder kennen, die optimal an die Hanglage und Sonneneinstrahlung, aber auch an die nährstoffarmen Böden und starken Witterungsverhältnisse angepasst sind. Der Baumbestand besteht in den Alpen vor allem in Talnähe aus Buchen und Nadelwald, je höher man kommt. Vorherrschend sind hier die Gemeine Fichte, die Europäische Lärche und andere Kiefernarten. Aber auch die Zirbelkiefer lässt sich hier des Öfteren entdecken. Ihre Zapfen sind eine beliebte Zutat für den herb-harzigen Zirbenschnaps, der auf vielen der Hütten angeboten wird.

Oberhalb der Baumgrenze, die in Tirol zwischen 1.800 und 2.000 m liegt, ist es aber keinesfalls vorbei mit der Artenvielfalt: Auf den etwas tiefer gelegenen Flächen finden sich vor allem Borstgrasweiden mit Borstgras, gelben Arnika-Blüten, Gold-Fingerkraut und Schaf-Schwingel und noch höher am Berg der Blaugras-Horstseggenrasen. Dieser fühlt sich auf kalkhaltigen, sonnenexponierten Flächen wohl und besteht häufig aus Alpen-Astern, Kreuzblumen, Sonnenröschen und Alpenenzian. Die auffällige dunkelblaue Glockenblüte des Enzians ist ebenfalls oft auf den Etiketten von Schnapsflaschen in den Hüttenstuben zu sehen. Benutzt wird für die bittere bis erdige Tiroler Spezialität aber eigentlich die Wurzel des Gelben Enzians.

Namensgeberin für zahlreiche ansässige Hotels und Restaurants ist die Rostblättrige Alpenrose, die mit ihrer rosa-roten, in Dolden stehenden

Blüte den gesamten Sommer über auf den sauren Böden der Alpen blüht. Doch Obacht bei der Schreibweise! Die Alpenrose ist das bekannte und übrigens auch giftige Rhododendrengewächs, die Alpen-Rose hingegen ein Rosengewächs. Früher glaubte man zudem, dass Menschen, die die roten Blüten mit sich trugen, vom Blitz erschlagen werden könnten.

Das Gewächs, welches neben der Alpenrose das Symbolbild der Alpen schlecht hin ist und auch das Logo des Deutschen Alpenvereins ziert, ist das Alpen-Edelweiß. Die bis zu 20 cm hohe Blüte ist mit ihren weich-filzigen weißen Blättern und dem wollig behaarten Stängel unverwechselbar, doch trotzdem gar nicht so leicht zu finden. Am meisten Glück, die sehr seltenen Blütenstände zu entdecken, hat man zwischen Juli und August auf kalkhaltigem oder steinig-lehmigem Boden sowie in Felsspalten. Wer sie findet, darf sich gerne an ihrem Anblick erfreuen, das Pflücken und ins Haar stecken der unter Naturschutz stehenden Pflanze ist aber verboten. Dann lieber so, wie es Kaiserin Sisi für ihr berühmtes Gemälde von 1865 getan hat, denn sie trug künstliche Edelweiß-Sterne im Haar. Diese waren zugegebenermaßen aber auch mit Diamanten besetzt und nicht ganz so flauschig wie das originale Alpengewächs.

Neben den zahlreichen Pflanzenarten fühlen sich auch allerlei Tiere in den hohen Gefilden sehr wohl und kommen dort sogar teilweise endemisch, also nur an diesem Ort, vor. In den Bergwäldern sind Rothirsche, Rotfüchse und auch Wölfe zu Hause. Weiter oben auf der alpinen Stufe ab 2.000 m findet man sie mangels Schutz durch die dichten Bäume eher selten. Hier kann man häufiger die kleineren Wild-Vertreter, die Gämsen, entdecken. Mit ihren charakteristischen kurzen Hörnern über dem weißen Gesicht mit den dunklen Zügelstreifen leben sie bevorzugt auf steilen Hängen in kleineren Brunftrudeln.

Etwas kleinere tierische Vertreter auf der Höhenstufe sind zum Beispiel die tiefschwarzen Alpensalamander, die zwar eigentlich nachtaktiv sind, aber den Wanderinnen und Wanderern in der Früh trotzdem begegnen können. Auf ihrer Haut tragen sie ein giftiges Sekret und haben daher kaum Fressfeinde. Sie sind aufgrund ihrer geringen Fortpflanzungsrate insgesamt trotzdem eher selten und werden daher streng geschützt. Da die kleinen Alpenbewohner morgens des Öfteren auf den Wanderwegen in der Sonne sitzen, sollten Sie aufpassen, dass Sie nicht versehentlich auf sie drauf treten.

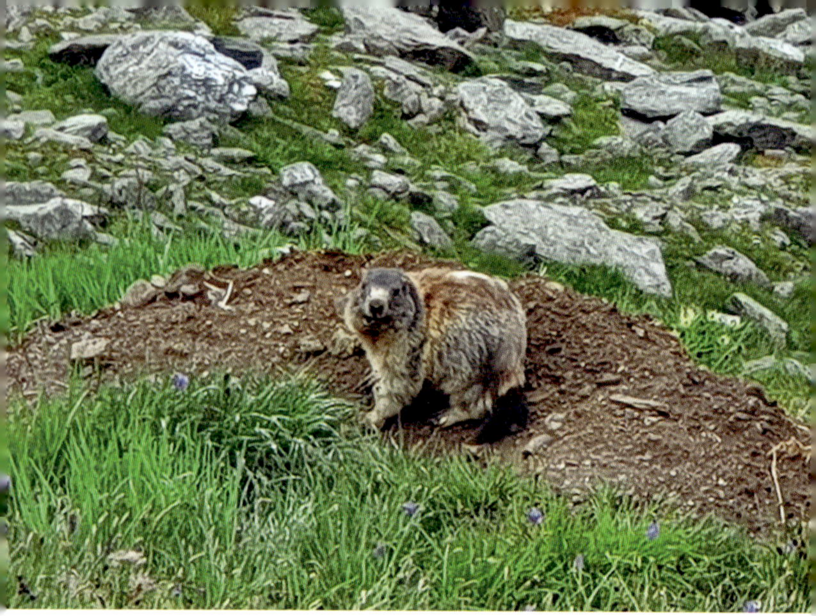

Murmeltier

Um einiges leichter auszumachen sind die Murmeltiere. Die Tunnelexperten bauen vor allem auf Südhängen weitverzweigte Höhlensysteme, die an den charakteristischen runden Höhlenausgängen zu erkennen sind. Die bis zu 60 cm langen Nagetiere leben in großen Familien und verbringen ihre meiste Zeit damit, sich ausreichend Speck für den Winterschlaf anzufressen. Dabei halten immer einige der Familienvertreter Wache und warnen die Verwandten durch schrille Rufe vor drohender Gefahr, zum Beispiel in Form von herannahenden Greifvögeln. Wer ein Murmeltier in der Sonne alle viere von sich gestreckt auf einem Stein liegen sieht und denkt, dass es ein Sonnenbad genießt, der irrt allerdings. Murmeltiere können nicht schwitzen und nutzen die Hitze der Sonne nur dafür, um lästige Parasiten im Fell loszuwerden. Nach kurzer Zeit verschwinden sie dann wieder in ihre kühlen unterirdischen Bauten und wählen daher auch ihren Lebensraum weit oben in den Bergen aus.

Noch etwas höher hinaus geht es für die absoluten Kletterasse unter den Bergbewohnern, die Alpensteinböcke. Sie fühlen sich genau wie die Gämse an steilen Hängen wohl, sind aber auf bis zu 3.500 m Höhe zu finden, weil auch sie nicht schwitzen können und daher kühlere Gebiete bevorzugen. Ihre markanten Hörner können bis zu einem Meter lang und 2,5 kg schwer werden und zeigen, wie Jahresringe an Bäumen, das Alter der Tiere an. Denn im Winter wird das Wachstum unterbrochen und so entstehen die charakteristischen Rillen. Bis zum 19. Jahrhundert wurden die Steinböcke allerdings fast ausgerottet, denn sowohl ihre Hörner als auch das Fell und Blut wurden zu Medizin verarbeitet. 1821 wurden sie dann vom Haus Savoyen unter Schutz gestellt und die Population konnte sich langsam, aber sicher erholen. Wer auf dem Berliner Höhenweg Glück hat, kann die gewaltigen Hörner der Böcke zusammenkrachen hören und so vielleicht einen Blick auf die beeindruckenden Tiere erhaschen.

Auch für Vögel ist die Alpenregion ein Paradies, hier sind vor allem Alpendohlen, Wanderfalken und Ringdrosseln am Himmel zu Hause. Bodennah leben außerdem Birkhühner und Auerhühner mit ihrem schwarzen Federkleid und dem roten Kopfschmuck. Beide sind aber eher selten zu sehen. Ebenfalls selten, aber umso beeindruckender sind die großen Steinadler mit einer Spannweite von bis zu 2,4 m.

Geologie

Vor vielen Jahrmillionen schoben sich die Gesteinsplatten des Ostalpins wie eine Decke über den damaligen Penninischen Ozean und verdeckten ihn. Gegen Ende des Oligozäns, also vor ungefähr 23 Millionen Jahren, durchbrach der ehemalige Ozeangrund diese Decke wieder, denn der afrikanische Kontinent hatte Europa zu Falten, den heutigen Alpen, aufgeschoben. Die tiefsten Gesteinsschichten schoben sich an die Oberfläche und das Tauernfenster entstand.

Bis heute ist dieses Fenster durch Bewegung und Erosion des Gesteins in stetigem Wandel. An vielen Stellen leicht zu erkennen ist die Schieferhülle, die die Kerne aus Granitgestein bedeckt. Dadurch, dass eigentlich sehr tiefgelegene Schichten an die Oberfläche treten, werden auch immer wieder Mineralien freigelegt. Im Zillertal ist das vor allem der Granat, der durch die Entstehung des Tauernfensters optimale Entstehungsbedingungen hatte. Auch andere Funde wie Adular (Mondstein), Hornblende und Aktinolith konnten in den Gründen, durch die der Fernwanderweg verläuft, gemacht werden.

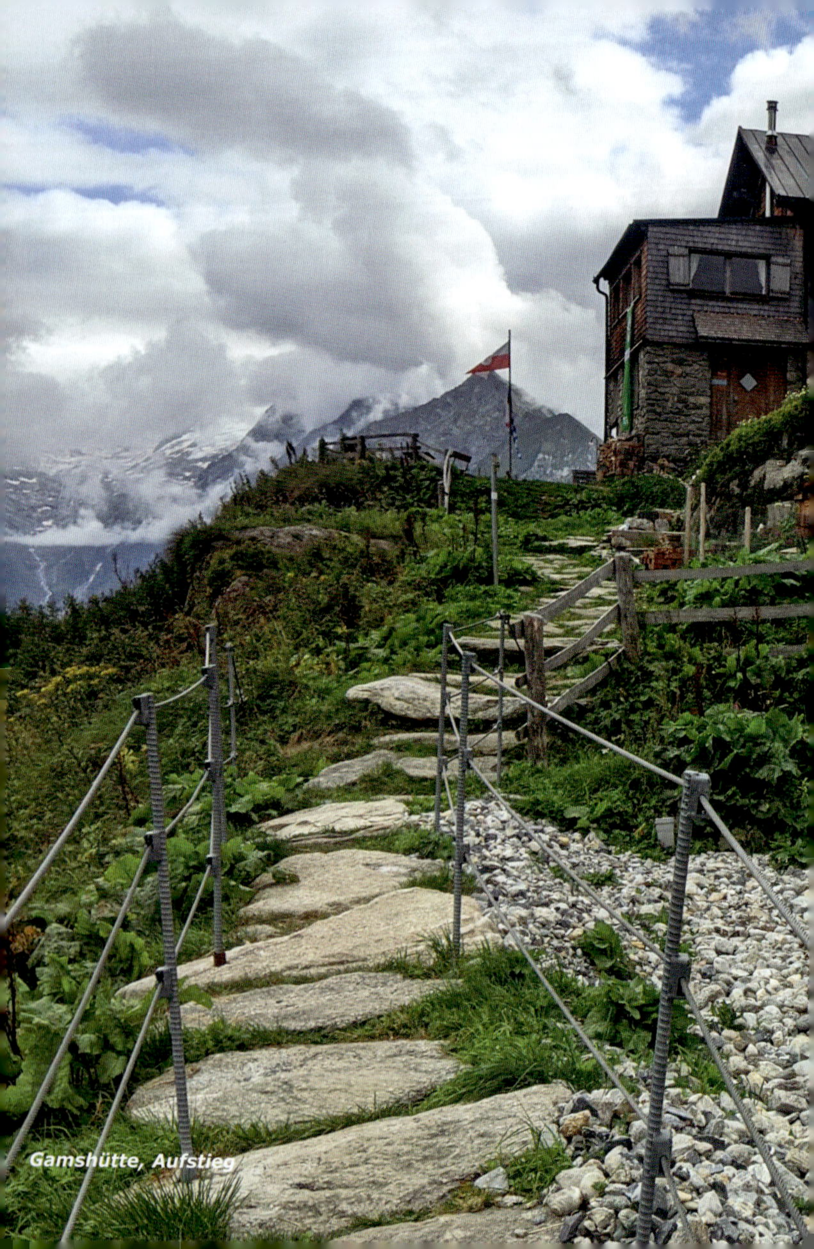

Gamshütte, Aufstieg

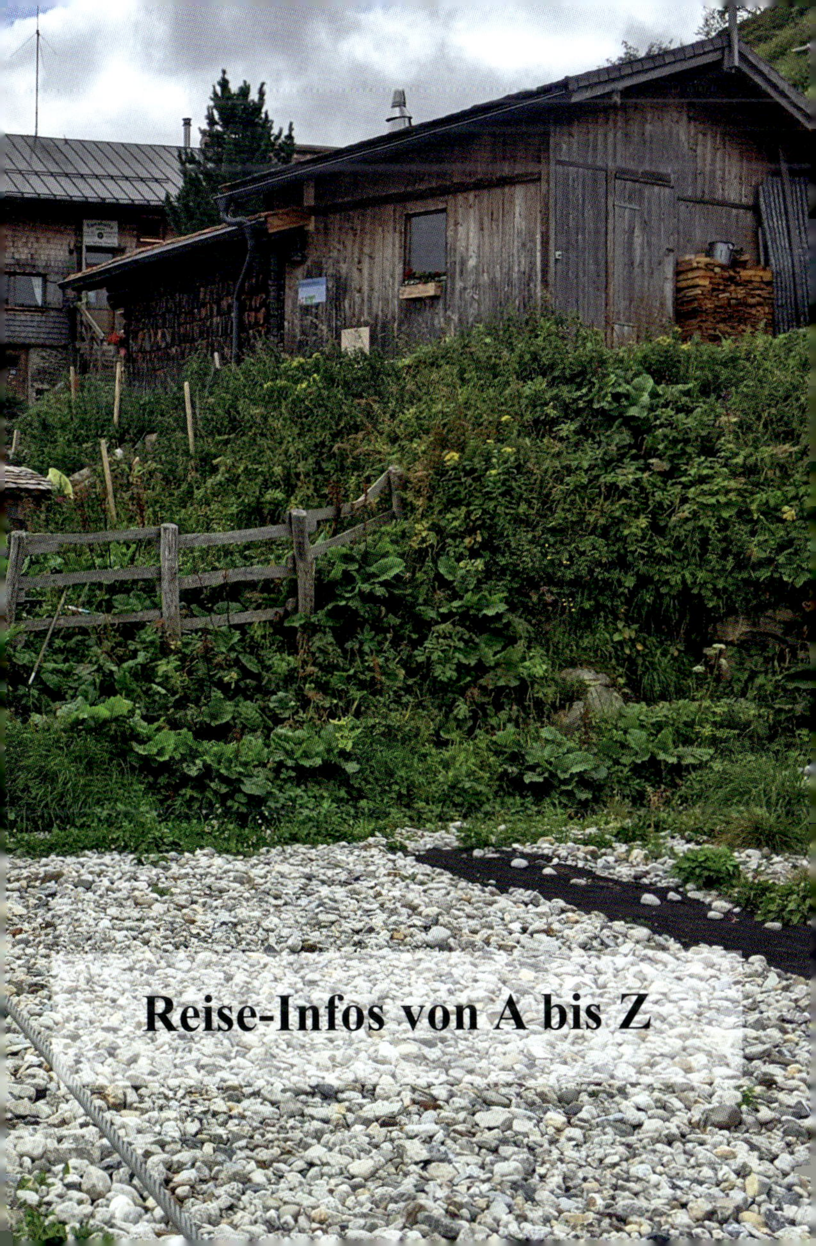

Reise-Infos von A bis Z

Anforderungen

Der Berliner Höhenweg ist ein hochalpiner Wanderweg, der sowohl durch die Streckenlängen und Höhenmeter als auch durch die Wegbeschaffenheiten hohe Anforderungen an die Wanderinnen und Wanderer stellt. Für diejenigen, die noch nie in den Bergen gewandert sind, ist dieser Weg vielleicht nicht der richtige Einstieg und man sollte sich durch andere einfachere Wege erst einmal an das alpine Bergsteigen herantasten. Grundausdauer und Kraft in den Beinen sind essenziell, um mit Wanderrucksack auf dem Rücken kontinuierliche Anstiege von manchmal 700 Hm zu überwinden. Trittsicherheit und Schwindelfreiheit sind auf den meisten Wanderwegen sinnvoll, bei dieser Tour mit schmalen Wegen direkt an felsigen Steilwänden und Kletterpassagen über rutschigem Blockwerk aber unverzichtbar.

Dazu kommt auch noch das Wetter, das in den Bergen nie zu unterschätzen ist und einen Wandertag schnell unmöglich machen kann (☞ Klima und Reisezeit).

Anreise

Mit dem Auto

Die Anreise ins Zillertal verläuft aus Deutschland über die Inntal Autobahn A12 (Verlängerung der A93 Richtung Innsbruck) bis zur Ausfahrt 39 Wiesing. An der Gabelung halten Sie sich rechts und folgen den Schildern Richtung Jenbach/B171/B169/Zillertal. Anschließend geht es auf der B181/Achensee Str., die kurze Zeit später wieder zur B169 wird, circa 30 km quer durch das Zillertal. Kurz nach Mayrhofen biegen leicht rechts ab auf die Hochstegen/Stillupklamm und folgen Sie dieser Straße etwa 3 km bis Finkenberg. Da hier der Start der Tour liegt, bietet es sich an, das Auto dort abzustellen.

P Parkmöglichkeiten finden Sie auf dem kostenpflichtigen Parkdeck der Finkenberger Almbahnen und alternativ auf den Parkplätzen an der Bushaltestelle „Finkenberg, Teufelsbrücke“ oder an den Sportanlagen im oberen Ortsteil (Brunnhaus 404, 6295 Finkenberg). Weitere Parkplätze befinden sich in Mayrhofen.

Der Zielort der Tour liegt in Mayrhofen an der Talstation der Ahornbahn bzw. am Bahnhof. Der Rückweg zum Auto ist zu Fuß etwa 4 km lang und kann auch mit dem Bus 4104 zurückgelegt werden (☞ Abstieg).

Mit dem Zug

Der Berliner Höhenweg ist mit öffentlichen Verkehrsmitteln sehr gut erreichbar. Mit der Zillertalbahn geht es von Jenbach aus nach Mayrhofen und weiter mit dem Bus 4104 Richtung Tux/Hintertux Gletscherbahn bis zur Haltestelle „Finkenberg, Teufelsbrücke", von wo aus der Start zum Aufstieg nur wenige Meter entfernt liegt. Informationen zu den Zugverbindungen gibt es über die Seite des ÖBB.

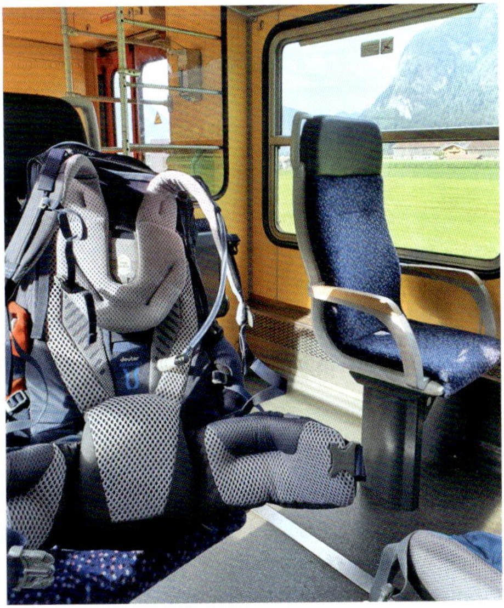

Anreise mit dem Zug

💻 www.oebb.at

Die Strecke von Jenbach nach Mayrhofen lässt sich auch wunderbar mit dem Dampfzug der Zillertalbahn zurücklegen, welcher bereits seit über 120 Jahren durch die malerische Landschaft der Alpen fährt (💻 www.zillertalbahn.at).

Die Anreise nach Österreich bis Jenbach kann hervorragend mit dem Nightjet-Angebot des ÖBB gestaltet werden. Aus Deutschland und der Schweiz halten mehrere Verbindungen in Innsbruck, von wo aus Jenbach je nach Zugverbindung in 15 bis 30 Minuten zu erreichen ist, oder auch in Jenbach selbst. Im Nightjet hat man die Auswahl zwischen Schlaf-, Liege- und Sitzwagen, je nach Vorlieben (💻 www.nightjet.com).

Wer vor oder nach der Tour das Zillertal noch etwas näher erkunden will, für den bietet sich die Zillertaler Activcard an. Mit ihr erhält man täglich eine Berg- und Talfahrt mit einer von zehn Bergbahnen, freien Eintritt in alle sechs Freischwimmbäder und freie Benutzung der meisten öffentlichen Verkehrsmittel des Zillertals sowie Ermäßigungen bei vielen Vorteilspartnern in der Region. Informationen und Vorverkaufsstellen finden Sie unter 💻 www.zillertal.at/activcard.

Mit dem Flugzeug

Der nächstgelegene Flughafen befindet sich in Innsbruck und wird von Berlin aus von EasyJet und von Frankfurt aus von Austrian angeflogen. Weitere Linienflugangebote gibt es von Amsterdam und Wien. Vom Flughafen aus geht es mit dem Bus zum Hauptbahnhof und weiter Richtung Jenbach (☞ Mit dem Zug).

Ausrüstung

Wanderschuhe als absolutes Must-have

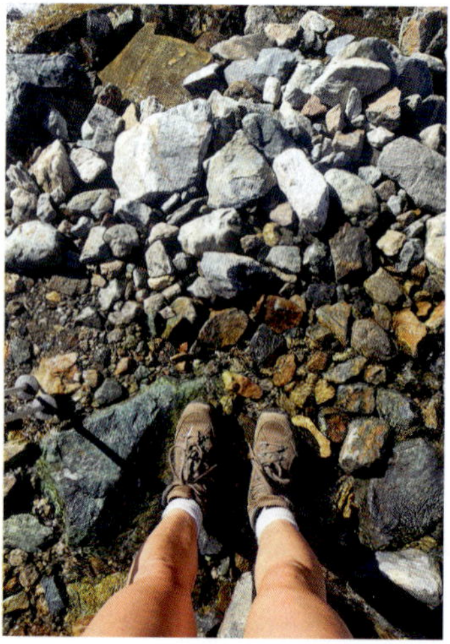

Besonders wichtig für das Bestreiten des Berliner Höhenweges sind **festes Schuhwerk** und passende Wandersocken für die teilweise seilgesicherten Strecken auf Geröll, Steinplatten und auch Schneefeldern.

Neben **wetterfester, schnelltrocknender Funktionskleidung**, die für die manchmal raschen Wetterumschwünge in den Bergen gerne im „Zwiebellook“ getragen werden darf, können Handschuhe und Mützen auch im Sommer sinnvoll sein. Denn es geht hoch bis auf 3.000 m. Auf dieser Höhe ist ebenfalls verstärkt auf **Sonnenschutz** durch Sonnencreme mit hohem Lichtschutzfaktor und Sonnenbrillen zu achten.

Auch wenn es viele seilgesicherte Abschnitte gibt, ist keine Kletterausrüstung auf dem Höhenweg selbst nötig. Umliegende Tagestouren oder Gipfelbesteigungen erfordern gegebenenfalls Gurt, Helm etc.

Für die Sicherheit im alpinen Gelände empfiehlt es sich, ein Erste-Hilfe-Set und eine Rettungsdecke mitzunehmen sowie eine **Taschen- oder Stirnlampe**, falls es auf den langen und konditionell anspruchsvollen Etappen spät wird.

Auch für den nächtlichen Toilettengang können sie nützlich werden, um nicht den ganzen Schlafsaal aufzuwecken. Dank guter Beschilderung und klarer Wegführung brauchen Sie nicht zwangsweise ein GPS-Gerät, bei dem nicht immer stabilen Funknetz kann es für Notfälle aber nützlich sein.

Da es sich um eine Hüttentour handelt, kann man viel Last sparen, Zelte und Isomatten dürfen zu Hause bleiben. Lediglich ein **Hüttenschlafsack und Kissenbezug** ist mitzubringen und für die Gäste von Matratzenlagern sind zudem Ohrstöpsel ein guter Begleiter.

Diplomatische Vertretung

Ⓓ In Österreich

- Deutsches Konsulat Innsbruck, Bozner Platz 4, Palais Hauser, 6020 Innsbruck, ☏ 00 43/(0) 512/57 01 99, ✉ innsbruck@hk-diplo.de
- Schweizerisches Konsulat Innsbruck, Heiliggeiststraße 16, 6020 Innsbruck, ☏ 00 43/(0) 512/53 70 15 00, ✉ innsbruck@honrep.ch

Ⓐ In Deutschland

- Botschaft Österreich, Stauffenbergstr. 1, 10785 Berlin, ☏ 030/202 87-0, 💻 www.bmeia.gv.at/oeb-berlin/
- Botschaft Schweiz, Otto-von-Bismarck-Allee 4a, 10557 Berlin, ☏ 030/390 40 00, 💻 www.eda.admin.ch

(CH) In der Schweiz

- Botschaft Österreich, Kirchenfeldstr. 77/79, 3005 Bern, ☏ 031/35 65-252, 💻 www.bmeia.gv.at/oeb-bern
- Botschaft Deutschland, Willardingweg 83, 3006 Bern, ☏ 031/359 41 11, 💻 www.bern.diplo.de

Einkaufen

Auf dem Berliner Höhenweg gibt es keine Einkaufsmöglichkeiten, gute Planung bei der Verpflegung ist also essenziell, wenn man nicht mit knurrendem Magen die Strecke bestreiten möchte.

☺ Verpflegung für den Weg können Sie in Finkenberg, am Startpunkt des Aufstiegs, kaufen (☞ Finkenberg). Die meisten Lebensmittel sind allerdings etwas teurer als in Deutschland.

Elektrizität

In Österreich werden Steckdosen vom Typ C oder F verwendet, genau wie in Deutschland. Der Typ J, der in der Schweiz oft verwendet wird, ist nicht kompatibel und man benötigt daher einen Adapter.

Essen und Trinken

Auf allen Hütten der Tour gibt es optional Halbpension, bestehend aus Frühstücksbuffet und 3-Gang-Abendessen mit wechselnden Gerichten, auf Wunsch auch vegetarisch. Wer nur eine von beiden Optionen wählen möchte, hat dazu natürlich auch die Möglichkeit. Die Hütten bieten zudem alle auch À-la-carte-Essen.

Bei einigen Herbergen werden auch Lunchpakete für den nächsten Tag angeboten, die man aber teilweise vorher anmelden muss. Informationen hierzu gibt es auf den Internetseiten der jeweiligen Hütten.

Auf dem Weg selbst gibt es nur auf wenigen Etappen die Möglichkeit einzukehren, daher sollten Sie sich vorher Gedanken machen, was Sie den Tag über an Verpflegung benötigen.

Snackideen:

- ▷ Müsliriegel oder Proteinriegel
- ▷ Obst, z. B. Äpfel (bleiben lange frisch und sind nicht so anfällig für Druckstellen), Bananen hingegen sind eher kein Reiseobst
- ▷ Trockenobst, z. B. Datteln oder Mangostreifen
- ▷ Traubenzucker

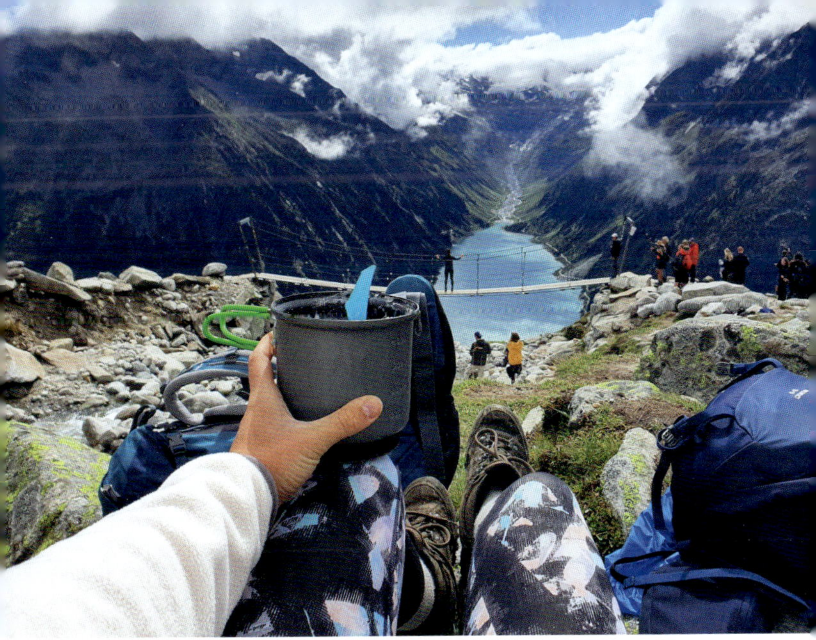

Zum Frühstück warmer Grießbrei mit Ausblick

- ▷ Nüsse/Studentenfutter
- ▷ Reiswaffeln
- ▷ gekochte Eier (ohne Kühlung 2 Wochen haltbar)
- ▷ Müsli mit Milchpulver vorab mischen und auf dem Weg mit Wasser anrühren
- ▷ Weichweizengrieß mit Trockenfrüchten und Milchpulver vorab mischen (Campingkocher für warmes Wasser nötig)

✋ Besonders sollte darauf geachtet werden, ausreichend Wasser für die Wanderung mitzunehmen. Mindestens **2 Liter pro Tag** sollten Sie auf den konditionell sehr anstrengenden Etappen dabeihaben, denn es gibt an manchen Tagen keine Möglichkeit, auf dem Weg Wasser nachzufüllen! Einige Hütten bieten zudem an, morgens Flaschen mit Marschtee aufzufüllen.

Damit das Bestellen auf der Hütte auch richtig klappt, hier ein paar Tipps (weitere Floskeln unter ☞ Sprache):

Kasspatzln	würziger Käse mit Teigspätzle
Greaschtl, Gröstl	Bratkartoffeln mit Zwiebeln und Speckwürfeln
Kaspressknedl	Semmelknödel mit Käse und Zwiebeln
Verlängata	Tasse Kaffee
Zol´n bitte!	nach der Rechnung verlangen
Hots gschmeckt?	Hat es geschmeckt? (Und das hat es meistens!)
Mogsch a Schnapsal?	Möchtest du einen Schnaps?

(besonders beliebt auf den Hütten sind Zirbe- und Enzian-Schnaps)

Geld

Für die Tour empfiehlt es sich, eine **ausreichende Menge Bargeld** mitzunehmen. Auf den Hütten gibt es zwar teilweise EC-Geräte, es wird aber wegen der unsicheren Netzverbindung darum gebeten, bar zu bezahlen. Letzte Möglichkeit, Geld abzuheben, ist in Finkenberg in der Nähe der Finkenberger Almbahnen (☞ Finkenberg) oder in Mayrhofen (☞ Mayrhofen).

Informationsadressen

▷ Informationen und Hüttenreservierung beim Deutschen Alpenverein: ☏ 00 49/(0)89/140 03-0 💻 www.alpenverein.de, ✉ huetten.wege@alpenverein.de

▷ Tourismusinformation Tirol: ☏ 00 43/(0)5 12/72 72-0, 💻 www.tirol.at, ✉ info@tirol.at

▷ Tourismusverband Mayrhofen-Hippach: Durster Straße 225, 6290 Mayrhofen, ☏ 00 43/(0)52 85/67 60, 💻 www.mayrhofen.at, ✉ info@mayrhofen.at, 🚪 Mo-Fr 8:00-17:00, Sa 8:00-12:00

▷ Hochgebirgs-Naturpark Zillertaler Alpen: Naturparkhaus, Zillertal Straße 239, 6295 Ginzling, ☏ 00 43/(0)52 86/521 81, 💻 www.naturpark-zillertal.at, 🚪 Mo-Do 8:30-12:00, 13:00-17:00, Fr auf Anfrage (Wegen Umbau ist die Ausstellung bis Juni 2023 geschlossen.)

▷ Wetter in den Alpen: 💻 www.zamg.at

Klima und Reisezeit

Die beste Reisezeit für die Wanderung liegt zwischen **Mitte Juni und Anfang September**, wenn die Temperaturen in den hohen Abschnitten über 2.500 m angenehm sind und die Schneefelder weniger werden. Im Tal liegt die durchschnittliche Temperatur dann um 20 °C, wobei die Temperatur auf dem Berg bis zu 10-15 °C niedriger liegen kann und auf den Gipfeln selbst im Hochsommer einstellige Gradzahlen nicht unüblich sind.

☝ Die teils steilen Auf- und Abstiege sollten bei schlechten Wetterbedingungen unbedingt vermieden werden, da sonst das Absturzrisiko extrem hoch ist. Vorab sollten Sie sich dementsprechend unbedingt über die aktuellen Wetterberichte informieren und auch während der Tour ein Auge auf die Vorhersagen halten.

Die empfohlene Website für die **Wettervorhersage** auf den Bergen ist 💻 www.zamg.at → Wettervorhersage Tirol. In den hohen Lagen ändert sich das Wetter und damit auch die Vorhersage rasant und die üblichen Wetterdienste bieten keine wirklich sicheren Angaben. Von plötzlichen Gewittern bis zu Schneefällen im August ist hier alles möglich. Außerdem unterscheiden sich die Begebenheiten vom Tal zum Berg teilweise deutlich, weswegen es sinnvoll ist, beide im Blick zu behalten. In den Hütten werden täglich die aktuellen Voraussagen der Zentralanstalt für Meteorologie und Geodynamik (ZAMG) ausgehangen.

Landkarten und GPS

- ▷ KOMPASS Wanderkarte Nr. 37, Zillertaler Alpen, Tuxer Alpen; 1:50.000, inkl. Karte zur Offline-Verwendung der KOMPASS-App, 💻 www.kompass.de
- ▷ Alpenvereinskarte über 💻 www.alpenvereinaktiv.com (Die gedruckten Karten bilden nicht den gesamten Berliner Höhenweg ab.)
- ▷ Freytag & Berndt Wanderkarte 152, Mayrhofen, Zillertaler Alpen, Gerlos, Krimml, Tuxertal, Zell im Zillertal; 1:50.000, 💻 www.freytagberndt.com

☺ Die Kartenempfehlungen wurden von der Geobuchhandlung Kiel überprüft.

☏ 04 31/942 49

Die GPS-Tracks zu den beschriebenen Wegen können Sie auf der Internetseite des Verlags (💻 www.conrad-stein-verlag.de) herunterladen.

📖 **GPS** *Grundlagen · Tourenplanung · Navigation* von Michael Hennemann, Conrad Stein Verlag, Basiswissen für draußen, ISBN 978-3-86686-769-7, € 12,90, Neuauflage 2023

Markierungen

Der gesamte Berliner Höhenweg ist sehr gut gekennzeichnet und Verlaufen ist bei guter Sicht fast nicht möglich. Neben den roten oder rot-weißen Markierungen auf Steinen gibt es auch gesprayte Pfeile, die ihnen die Richtung anzeigen. Außerdem stehen gelbe Wegweiser an Abzweigungen von anderen Routen.

Wichtig werden die Markierungen vor allem auf dem felsigen Blockwerk, da hier kein ausgetretener Pfad den Weg weist.

Medizinische Versorgung

Am Weg selbst gibt es keine Arztpraxen oder Krankenhäuser. Wer ein gesundheitliches Problem hat, muss also von einer der Hütten aus ins Tal absteigen und von dort aus eine medizinische Einrichtung aufsuchen. Die Erstversorgung von Sportverletzungen übernimmt unter anderem die Sportclinic Zillertal in Mayrhofen. Bei anderen gesundheitlichen Problemen kann man sich beispielsweise an die Praxisgemeinschaft Mayrhofen wenden, in der eine allgemeinmedizinische Versorgung und ebenfalls eine sportmedizinische Notfallversorgung gegeben sind (☞ Mayrhofen).

Falls es sich um eine akute Notfallsituation handelt: ☞ Notruf

Müll

Auf über 2.000 m kommt keine Müllabfuhr. Die Hütten auf dem Weg müssen selbst über Materialseilbahnen oder teilweise sogar mit Hubschraubern den Müll von den Hütten abholen und entsorgen lassen. Bitte nehmen Sie also alles, was Sie an Müll produzieren (Verpackungen von Müsliriegeln, leere Flaschen etc.), wieder mit ins Tal. Dazu empfiehlt es sich, selbst eine Mülltüte mitzubringen und vorab schon möglichst „müllarm“ zu packen. Die Hüttenwirtinnen und Hüttenwirte helfen mit Mülltüten auch gerne aus.

Notruf

Wer eine Mehrtageswanderung in den Alpen unternimmt, sollte sich unbedingt vorher mit den wichtigsten Optionen für den Notruf auseinandersetzten, falls es zu einer Notsituation kommt. Die beiden wichtigsten Nummern sind folgende:

☏ 140 – Alpinnotruf Österreich

☏ 112 – europaweiter Notruf

Die Ländervorwahl von Österreich muss dabei nicht zwingend eingegeben werden. In den Bergen stellt sich zwar oft das Problem des schlechten Empfangs, durch Auswählen der Notruf-Option, die fast alle Handys besitzen, kann dieses aber oft umgangen werden. Denn so sucht das Telefon in allen verfügbaren Netzen und der Notruf wird automatisch an die 112 abgesetzt. In Schluchten, engen Tälern oder bei schlechten Witterungsbedingungen kann der Empfang ebenfalls gestört werden. Falls möglich, suchen Sie hier einen höheren oder freier gelegeneren Ort auf.

Andere Möglichkeiten sind auch **Notruf-Apps** wie SOS-EU-Alp oder EchoSOS, die sowohl den GPS-Standort an die zuständige Notrufzentrale senden sowie Notrufnummern anzeigen können.

Besonders in den abgelegenen Teilen der Strecke kann es allerdings zu Problemen bei der Funkverbindung kommen, weswegen man sich auch mit dem **alpinen Notsignal** vertraut machen sollte. Dafür wird ein optisches oder akustisches Signal (Stirnlampe, Trillerpfeife, Rufen ö. Ä.) sechs Mal in einer Minute abgegeben, gefolgt von einer Minute Pause. Wer selbst dieses Signal von anderen Wanderinnen und Wanderern wahrnimmt, sollte ebenfalls versuchen, die Bergrettung zu alarmieren.

Weitere nützliche Informationen zum Thema Notruf und Erste Hilfe kann man auf der Homepage des Deutschen Alpenvereins finden.

💻 www.alpenverein.de

Post

Auf dem Weg selbst gibt es keine Möglichkeit, Post zu versenden. Das muss vor oder nach der Reise erledigt werden.

- ▷ Postkasten Finkenberg, Persal 226, 6292 Finkenberg (➲ 230 m vom Startpunkt)
- ▷ Postfiliale 6290, Einfahrt Mitte 434, 6290 Mayrhofen (➲ 350 m vom Bahnhof Mayrhofen), Mo-Fr 8:00-12:00 und 14:00-17:30

Radfahren

Aufgrund der Wegbeschaffenheit, der zahlreichen Blockwerkstrecken und Kletterpassagen ist der Berliner Höhenweg nicht dafür geeignet, ihn mit dem Fahrrad zu bestreiten.

Sprache

„Grias-enk!“ (Grüß euch!) heißt es auf fast jedem Begrüßungsschild der vielen Berghütten. Tirolerisch ist für das hochdeutsche Gehör gut verständlich, aber ein paar Vokabeln bereiten einem dann doch Kopfzerbrechen. Fragt man einen Tiroler zum Beispiel nach dem Weg, geht es den Berg „aui“ (hinauf) oder „ochi“ (hinunter), „grodaus“ (geradeaus) oder, wenn man sich verlaufen hat, vielleicht auch mal „arschlings“ (rückwärts).

Auf Ihrer Wanderung erspähen Sie dann übrigens auch kein Murmeltier, sondern ein „Murmele“ und auch keine Kühe auf den Almen, sondern „Kuselen“. Zwar führt der Weg nur beim Auf- und Abstieg durch Wälder, aber einen „Tschurtschn“ (Tannenzapfen) haben Sie wahrscheinlich trotzdem gesehen.

Und für die ganz geübten Profis: Wer dreimal hintereinander „Ochkatzlschwoaf“ (Eichhörnchenschwanz) fehlerfrei sagen kann, ist ein echter Tiroler bzw. eine echte Tirolerin.

Telefon und Internet

In den Zillertaler Alpen ist Mobilfunkempfang eher ein rares Gut und man kann nicht darauf vertrauen, ständig bzw. überhaupt Internet zu haben. Je nach Anbieter geht teilweise tagelang keine Nachricht oder Mail raus. Auf den Hütten gibt es ebenfalls nur spärlich Netz und dementsprechend auch kein WLAN. Es darf aber immer gerne das Hüttentelefon genutzt werden, einfach beim Hüttenpersonal nachfragen.

Vorwahl Deutschland: 00 49
Vorwahl Österreich: 00 43
Vorwahl Schweiz: 00 41

Unterkunft

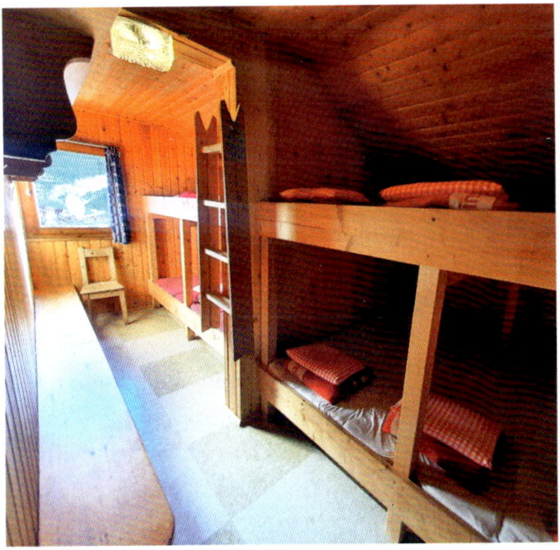

In der Karl-von-Edel-Hütte, 6. Etappe

Der Berliner Höhenweg ist eine reine Hüttentour und in der Auswahl der Herbergen sehr beschränkt. Meist gibt es für das Etappenziel nur eine mögliche Hütte als Unterkunft, die besonders in der Hauptreisezeit weit im Voraus reserviert werden sollte.

Die Hütten gehören zum Deutschen Alpenverein und können daher sehr einfach und schnell über die Seite des Deutschen Alpenvereins 💻 www.alpenverein.de reserviert werden. Für Mitglieder ist die Übernachtung zudem um ca. die Hälfte günstiger. Für Nicht-Mitglieder liegen die Kosten pro Nacht je nach Kategorie und Alter zwischen € 10 und € 40. Bei den Hütteninformationen ist der Übersichtlichkeit halber nur der Preis für Erwachsene über 26 Jahren angegeben.

Die Hütten sind liebevoll eingerichtet und zum Teil von historischem Wert. Übernachtungsgäste haben die Wahl zwischen gemischtgeschlechtlichen Matratzenlagern, Zwei- und Mehrbettzimmern sowie einem kulinarischen regionalen Angebot beim Abendessen und Frühstück (☞ mehr Infos zu den entsprechenden Angeboten innerhalb der Etappen). In den Matratzenlagern ist von sechs bis 30 Betten je nach Hütte alles vertreten. Es ist deswegen die günstigste, aber auch geselligste Nächtigungsoption.

In den Schlafräumen und Lagern gibt es zu jedem Bett ein Kissen zum Selbstbeziehen und eine dicke Wolldecke für kalte Nächte.

Alle Hütten verfügen über fließendes Wasser, Waschräume, teilweise auch Duschen. Kalt kann hier fast immer kostenlos geduscht werden, warmes Wasser gibt es beim Kauf von Duschmarken an den Rezeptionen. Das Wasser hat Quellwasserqualität und ist daher auch zum Auffüllen der Trinkflaschen geeignet. Fast alle Hütten stellen zudem in den Stuben verschiedenste Gesellschaftsspiele, Magazine und Bücher zur freien Verfügung. Über Fotovoltaikanlagen und eigene Wasseraufbereitung versorgt sich jede Hütte autark.

☺ An den abgelegenen Orten, an denen die Hütten liegen, lässt sich nachts sehr gut das spektakuläre Sternenzelt über den Alpen betrachten. Weit weg von Lichtverschmutzung bietet sich so ein nächtlicher Spaziergang besonders an.

✋ Das Wildcampen ist in Österreich verboten und es gibt keine Campingplätze oder ausgewiesenen Flächen, weswegen eine Wanderung mit Zelt nicht möglich ist.

Updates

Der Conrad Stein Verlag veröffentlicht Updates zu diesem Buch, die direkt von der Autorin oder von den Leserinnen und Lesern dieses Buches stammen. Sie finden diese auf der Verlagshomepage 💻 www.conrad-stein-verlag.de. Der links abgebildete QR-Code führt Sie direkt dorthin.

Verkehrsmittel

Von allen Hütten aus gibt es Abstiege ins Tal, es können also theoretisch einzelne Etappen übersprungen oder der Weg nach Belieben verkürzt werden. Im Tal verkehrt der 🚌 Bus 4102 zwischen Mayrhofen und Schlegeisstausee/Dominikushütte und kann von verschiedenen Zwischenhalten aus genutzt werden.

Allerdings sollten Sie beachten, dass die Abstiege ins Tal und die dann folgenden Aufstiege in den meisten Fällen länger sind als die eigentliche Strecke zur nächsten Hütte. Wenn Sie allerdings nur einen Teil des Berliner Höhenweges laufen möchten, ist diese Möglichkeit sehr praktisch.

Informationen und Verbindungen gibt es unter 💻 www.oebb.de.

Versicherung

Es wünscht sich natürlich keiner, aber für den Ernstfall sollte man gewappnet sein. Neben einer Auslandskrankenversicherung ist es extrem sinnvoll eine **Unfallversicherung** zu besitzen, bei der alpine Unfälle und damit zusammenhängende Kosten abgedeckt sind. Wenn auf dem Berg etwas passiert und ein Hubschrauber zur Rettung anrückt, tragen die Verunglückten die Kosten von mehreren tausend Euro ansonsten selbst. Das trifft übrigens genauso auf Skiunfälle und ähnliche Bergungsaktionen zu.

Der Deutsche Alpenverein bietet für alle Mitglieder kostenlos diesen Service an und auch viele Versicherungen haben inzwischen Urlaubstarife für wenig Geld und einen Versicherungszeitraum von z. B. zwei Wochen eingerichtet.

Wandern mit Hund

Prinzipiell ist es möglich, den Berliner Höhenweg mit Hund zu bestreiten, sofern er angeleint ist. Die Wege sind allerdings teilweise extrem schmal und steil und verlaufen über Blockwerk. Falls der Hund bergsteigerfahren ist und das kein Problem darstellt, sind die Hütten vorher darüber zu informieren. Gegen einen kleinen Aufpreis dürfen dann auch die Vierbeiner auf den Hütten übernachten.

Zoll

Informationen, welche und wie viele Dinge Sie ein- und ausführen dürfen, finden Sie unter 💻 www.bmf.gv.at unter der Rubrik Zoll.

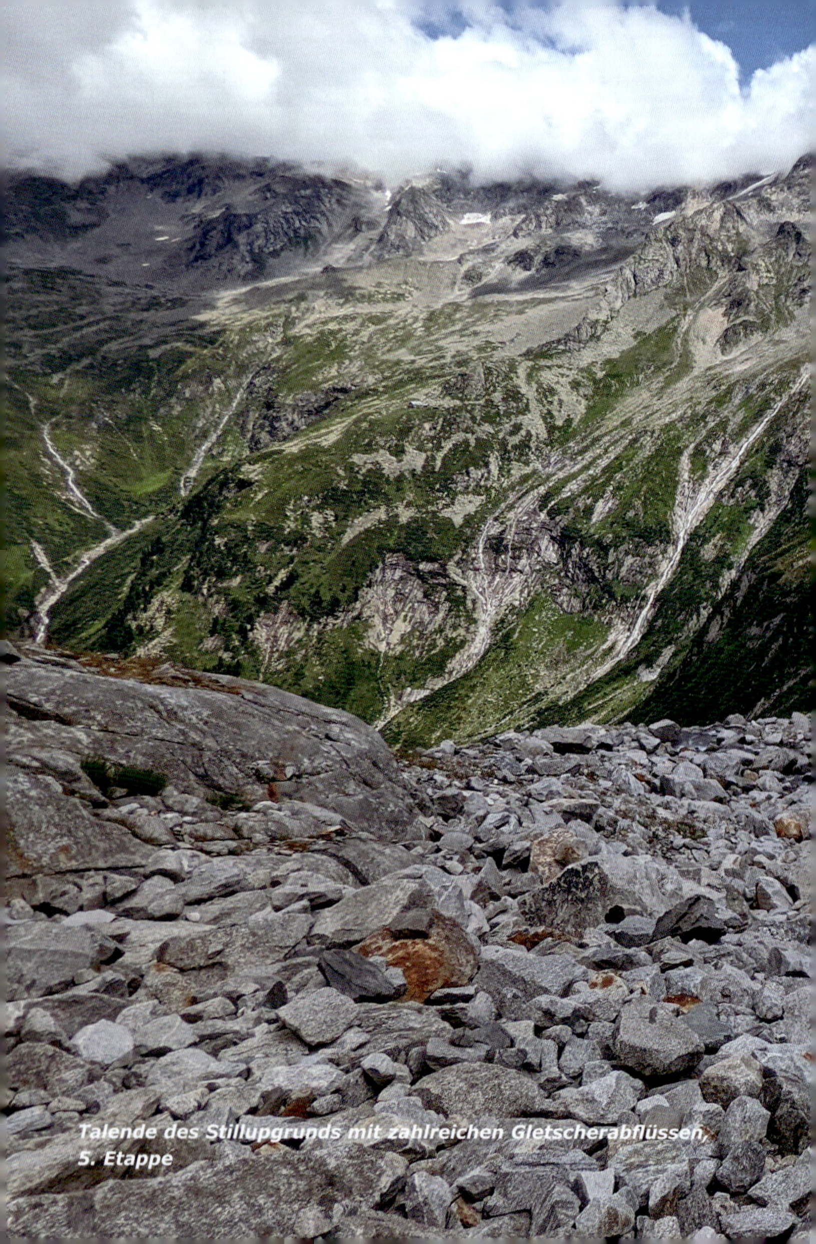

Talende des Stillupgrunds mit zahlreichen Gletscherabflüssen, 5. Etappe

Der Berliner Höhenweg

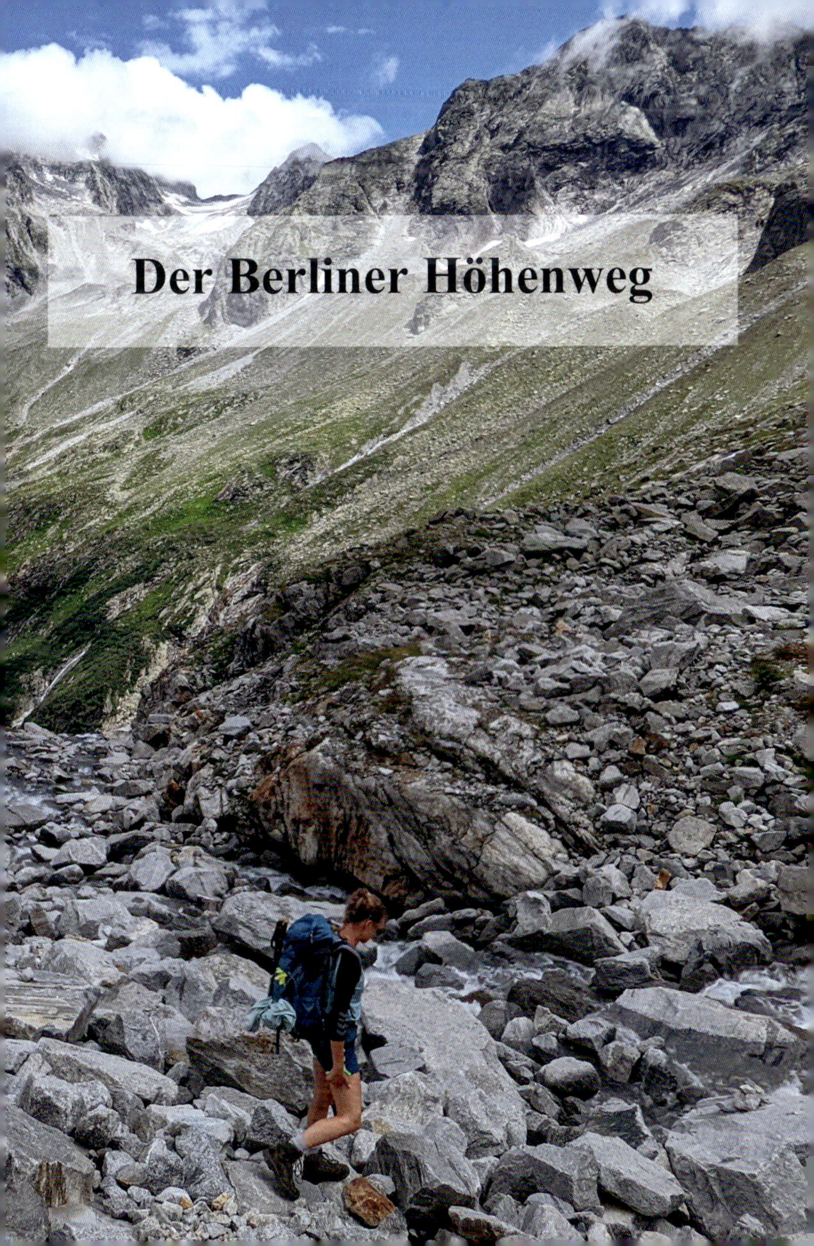

Aufstieg: Finkenberg – Gamshütte

➲ *6 km,* ⌛ *3 Std. 30 Min.,* ↑ *1.027 m,* ↓ *6 m,* ⇧ *894-1.921 m*

0,0 km	⇧ 900 m	Finkenberg i 🛏 B&B ✕ ☕ 🛒 BANK ❄ ✝ P 🚌
0,2 km	⇧ 894 m	Teufelsbrücke ⌘
0,9 km	⇧ 973 m	Beginn Hermann-Hecht-Weg
3,1 km	⇧ 1.435 m	Schutzhütte ☒ ⊼
5,2 km	⇧ 1.800 m	Bank ⊼
6,0 km	⇧ 1.921 m	Gamshütte ✕

Von Finkenberg aus führt die Aufstiegsetappe über die Teufelsbrücke und den Herrmann-Hecht-Weg durch den Wald hinauf bis zur Gamshütte, die den Startpunkt des Berliner Höhenweges markiert.

Teufelsbrücke in Finkenberg

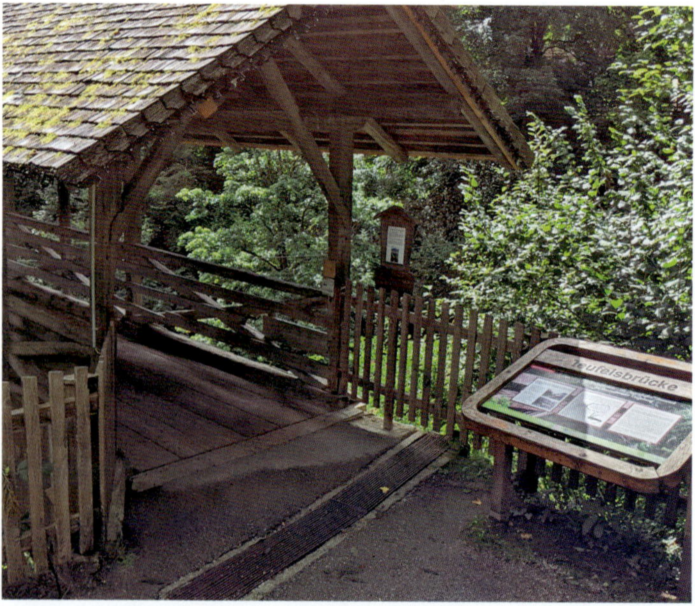

Finkenberg

Informationsbüro Finkenberg, Dorf 140, 6292 Finkenberg (650 m vom Startpunkt), www.tux.at, 00 43/(0)52 87/85 06, wochentags 9:00-12:00

Vital Sporthotel Kristall, Dorf 143, 6292 Finkenberg (550 m vom Startpunkt), 00 43/(0)52 85/628 40, www.kristall-finkenberg.at, info@kristall-finkenberg.at, DZ € 142 mit Frühstück

B&B Zum Schneider, Dorf 158, 6292 Finkenberg (800 m vom Startpunkt), 00 43/(0)6 64/99 58 97 16, www.zumschneider-finkenberg.com, siebenzumschneider@gmail.com, DZ € 80, MBZ € 90, jeweils mit Frühstück

SPAR Erler Michaela, Persal 226, 6295 Finkenberg (260 m vom Startpunkt der Aufstiegsetappe), Mo-Sa 6:30-18:30

BANK Raiffeisenbank Finkenberg, Dorf 144, 6292 Finkenberg (260 m vom Startpunkt der Aufstiegsetappe), 00 43/(0)52 85/621 43, www.raiffeisen.at/tirol, raiba.mayrhofen@rbgt.raiffeisen.at, Bankautomat an Außenseite dauerhaft zugänglich

Pfarrkirche St. Leonard, Dorf 138, 6292 Finkenberg (700 m vom Startpunkt), 00 43/(0)52 87/872 35, www.seelsorgeraumtuxertal.at

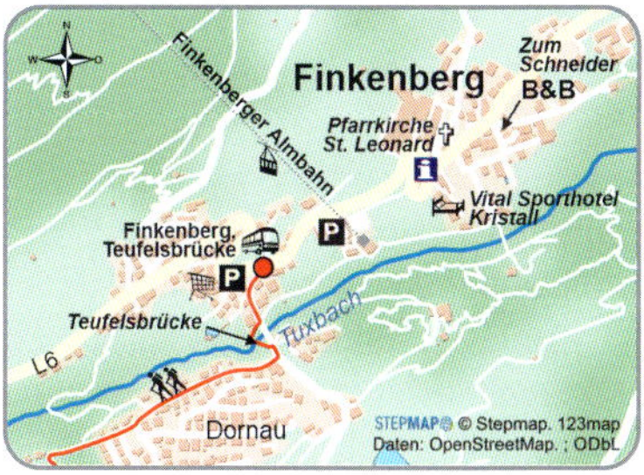

☺ Wer eine hochalpine Hüttentour machen möchte, muss erst einmal in hochalpines Terrain gelangen. Und so startet die „Etappe 0“ mit dem Aufstieg auf die erste Hütte, die Gamshütte, auf 1.921 m Höhe. Für den Aufstieg gibt es verschiedene Möglichkeiten. Die bekannteste beginnt im beschaulichen Dorf Finkenberg, welches mit dem Bus aus Mayrhofen schnell erreicht ist (☞ Anreise).

Alternativ können Sie den Aufstieg zur Gamshütte aber auch aus Ginzling antreten (3,7 km, 3 Std., 1.120 m). Das ist zwar die kürzere, aber auch etwas steilere Variante und daher als Einstieg in die alpine Umgebung anspruchsvoller. Sie startet am Gasthaus Gamsgrube, etwa 2 km von dem kleinen Bergsteigerdorf Ginzling entfernt. Über den Georg-Herholz-Weg (Nr. 553a) geht es bergan, bis der Pfad auf den Herrmann-Hecht-Weg trifft.

Falls Sie nur eine Hälfte des Berliner Höhenweges laufen möchten, können Sie natürlich auch den bei der ☞ 3. Etappe (S. 56) beschriebenen Abstieg von der Berliner Hütte zum Alpengasthaus Breitlahner als Aufstieg begehen und der Wegbeschreibung in entgegengesetzter Richtung folgen.

☺ An der Bushaltestelle „Finkenberg, Teufelsbrücke“ im Ortszentrum gibt es die letzte Möglichkeit, sich im Supermarkt für die nächsten Tage einzudecken.

Wer sich nun bereit fühlt, startet den Aufstieg an der Bushaltestelle an dem kleinen **P** Parkplatz und folgt der abzweigenden Straße Dornau für ein kurzes Stück. Direkt vor der Autobrücke zweigt ein kleiner Weg rechts ab und führt auf die Teufelsbrücke zu. Sie verläuft über den Tuxbach, der weit unten in einer Felsschlucht gen Tal fließt. Die Sage um die Teufelsbrücke wird sich bereits seit Jahrhunderten erzählt und ist auf einer hölzernen Tafel nachzulesen.

Der Sage nach hat der Teufel höchstpersönlich die Brücke auf Wunsch der Einheimischen gebaut, damit die Finkenbergerinnen und Finkenberger sicher das andere Ufer erreichen konnten. Dafür forderte er allerdings, die erste Seele zu erhalten, die die Brücke überquerte. Das Dorf willigte ein, sie hatten sich schon seit langer Zeit einen Weg über die gefährliche Schlucht gewünscht.

Doch ein findiger Bauer überlegte sich einen Trick und schickte einen Ziegenbock über die Holzkonstruktion, um niemanden opfern zu müssen. Erzürnt kehrte der überlistete Teufel daraufhin zurück in die Hölle und die Brücke blieb bestehen.

Hinter der Brücke geht es direkt nach rechts auf eine Straße, die durch den Stadtteil Dornau bergauf führt. An der Tennisanlage vorbei folgen Sie der Straße zunächst nach rechts. Nach etwa 50 m geht es links hinein in den Wald auf den Hermann-Hecht-Weg (Nr. 533) ❶ und hinauf Richtung Gamshütte. Schnell lassen Sie in unzähligen Kehren durch den idyllischen Wald das Dorf Finkenberg unter sich und tauchen ein in die Natur, die Sie für die nächsten Tage umgeben wird.

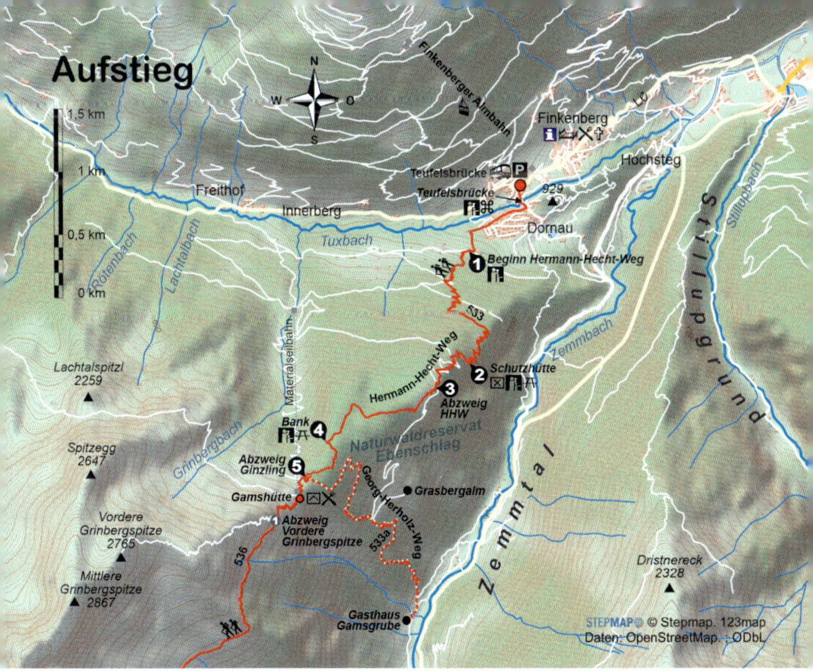
Aufstieg
N
W
O
S
1,5 km
1 km
0,5 km
0 km
Finkenberger Almbahn
Finkenberg
Hochsteg
Teufelsbrücke
Teufelsbrücke
929
Freithof
Innerberg
Dornau
Tuxbach
Rötenbach
Lachtalbach
Beginn Hermann-Hecht-Weg
533
Zemmbach
Stillupgrund
Stillupbach
Materialseilbahn
Hermann-Hecht-Weg
Schutzhütte
Abzweig HHW
Lachtalspitzl 2259
Bank
Naturwaldreservat Ebenschlag
Grinbergbach
Spitzegg 2647
Abzweig Ginzling
Georg-Herholz-Weg
Grasbergalm
Gamshütte
Abzweig Vordere Grinbergspitze
Vordere Grinbergspitze 2765
533a
536
Zemmtal
Mittlere Grinbergspitze 2867
Dristnereck 2328
Gasthaus Gamsgrube
STEPMAP © Stepmap. 123map
Daten: OpenStreetMap - ODbL

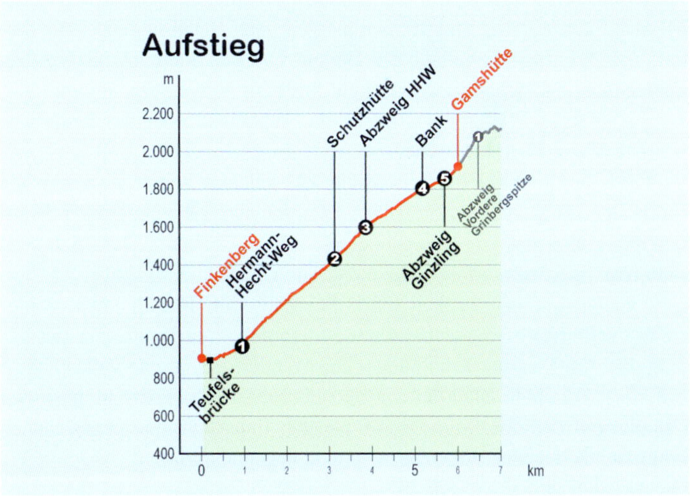
Aufstieg
m
2.200
2.000
1.800
1.600
1.400
1.200
1.000
800
600
400
0
1
2
3
4
5
6
7
km
Finkenberg
Hermann-Hecht-Weg
Teufels-brücke
Schutzhütte
Abzweig HHW
Bank
Gamshütte
Abzweig Ginzling
Abzweig Vordere Grinbergspitze

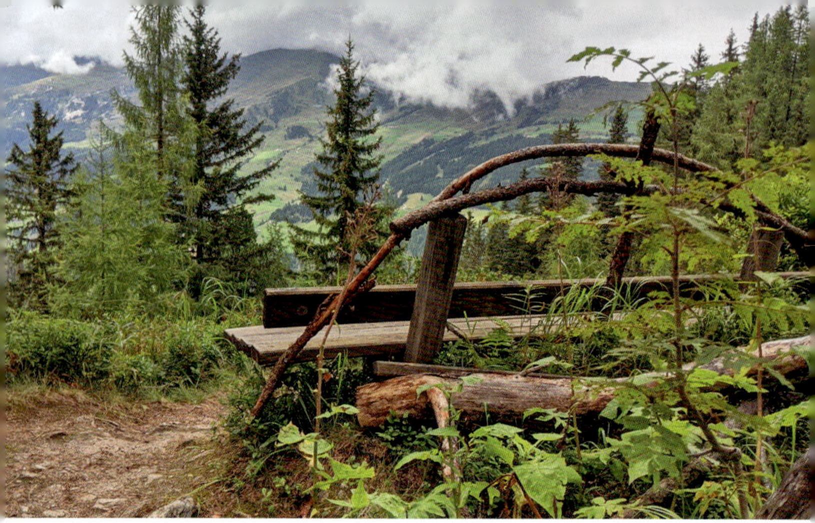

Bank mit Aussicht auf den Penken

Nach 2 km erreicht der schmale Wanderweg das erste Mal die etwas breitere Forststraße, die er auf den kommenden Kilometern noch einige Male kreuzen wird. Weiter dem Wanderweg folgend lädt nach 2,3 km eine ⛩ Bank zu einer ersten Rast ein. Bald schon öffnet sich das erste Mal der Blick auf das Zillertal und das bereits weit unter Ihnen liegende Mayrhofen. Am Wegesrand werden die Bäume langsam kleiner und weichen immer mehr Sträuchern und Büschen. Noch bis zum späten Sommer blühen hier allerlei Pflanzen wie der weiße Augentrost oder das lilafarbene Schmalblättrige Weidenröschen.

Wenn Sie die ☒ kleine Schutzhütte ❷ erreichen, haben Sie bereits die Hälfte der Strecke geschafft und werden mit einem wunderbaren Panoramablick über das zur linken liegende Zillertal belohnt. Das letzte Mal sieht man hier den Startort Finkenberg, von wo aus die Finkenberger Almbahn hinauf auf den Penken führt. Ebenfalls dort hinauf, etwas weiter rechts, verläuft die Penkenbahn aus Mayrhofen – im Winter ein riesiges Skigebiet, im Sommer Erhohlungs- und Wanderoase, wie so viele Orte im Zillertal. Wer einen Blick an der Hütte vorbei wirft, blickt hinein in den Zemmgrund und den Stillupgrund, welcher Ihnen auf den letzten beiden Etappen des Berliner Höhenweges erneut begegnen wird.

Auf einem kurzen Stück folgen Sie oberhalb der kleinen Hütte dem Forstweg, um anschließend erneut rechts auf den steinigen Hermann-Hecht-Weg einzubiegen. Einige weitere Kehren gehen Sie noch bergauf, dann auf einem flacheren Stück in einen der seitlichen Ausläufer des Zillertals hinein mit Blick auf den gegenüberliegenden Dristner mit seinen imposanten Wasserfällen, die sich die Felswände hinabstürzen.

Das letzte Mal queren Sie den Forstweg bei km 3,8 ❸ und laufen über sandigen Boden durch das Naturwaldreservat Ebenschlag, welches 1998 aus der forstlichen Nutzung genommen wurde und seitdem seiner natürlichen Entwicklung überlassen wird. Zwischen Moosen, Pilzen und alten Bäumen, die hier nicht gerodet werden dürfen, verläuft der Pfad stetig bergan. Zur Rechten führt nach 5,7 km ein kurzer kleiner Weg zu einer ⩩ Bank ❹ mit malerischem Blick über das Tal. Oft sind hier bereits in der Ferne Kuhglocken zu hören. Hier kann für den letzten Kilometer der Etappe noch einmal Kraft getankt werden. Dieser letzte Abschnitt führt ein kurzes Stück weiter durch den naturbelassenen Wald, um sich schließlich mit dem alternativen Aufstiegsweg aus Ginzling ❺ zu verbinden. Bereits wenige Meter später erreichen Sie auf der gemeinsamen Endstrecke dann die Hochebene, auf der es neben der Materialbahn hinauf zur ⌂ ✕ Gamshütte geht, dem eigentlichen Start des Berliner Höhenweges.

⌂ ✕ Gamshütte, Brunnhaus 417, 6292 Finkenberg, ☎ 00 43/(0)6 64/428 29 69, 💻 www.gamshuette.at, ✉ info@gamshuette.at, Matratzenlager € 14 (Nicht-Mitglieder € 25), Matratzenlager: 38 Plätze, 🚪 Anfang Juni bis Ende September, @, 🚿 Kaltwasserdusche, 🍎 Lunchpakete bitte bei der Buchung bereits angeben, falls gewünscht

Die erste Hütte des Berliner Höhenweges besticht durch ihren unglaublichen Charme. Hier ist und bleibt das Motto „Klein, aber fein“. Auch nach dem Um- und Ausbau bis zum Jahr 2021 hat die Hütte nichts an Gemütlichkeit eingebüßt und bereitet allen Wanderinnen und Wanderern einen tollen Einstieg auf die Reise. Auf 1.921 m liegt sie südwestlich von Finkenberg in freier Hanglage und bietet so einen weiten Panoramablick über das Tal mit dem kleinen Dorf Ginzling und auf die Bergwelt der Zillertaler Alpen.

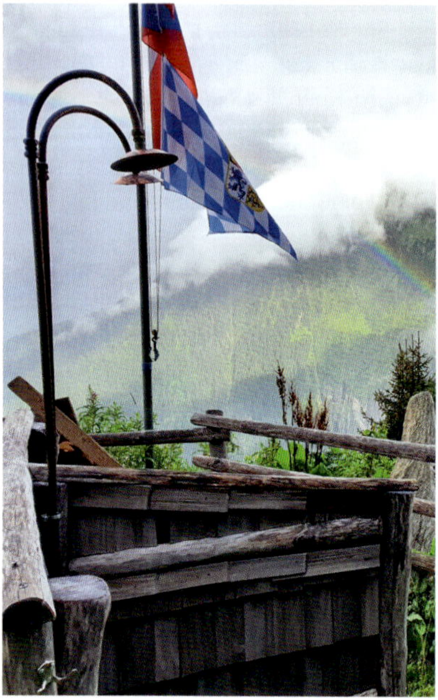

Außendusche an der Gamshütte

Die Hütte ist von Anfang Juni bis Ende September für Wanderfans geöffnet und bietet 38 Schlafplätze in Gemeinschaftslagern. Schon nach dem ersten Aufstieg darf man sich hier über warme Küche am Abend freuen, wobei man die Wahl zwischen drei Tagesgerichten hat. Auch mittags gibt es Angebote für schnelle Aufsteigerinnen und Aufsteiger gegen den kleinen Hunger. In der Halbpension ist das Frühstück inklusive, alternativ gibt es für die erste Etappe des Weges auch Jausenpakete, denn auf dieser liegt keine bewirtschaftete Hütte. In der gemütlichen Stube oder auf der Terrasse lässt man den Abend gerne ausklingen.

Für die Hartgesottenen gibt es hier noch ein besonderes Highlight: Da es auf der Hütte sowieso kein warmes Wasser für die Sanitäranlagen gibt, wurden die zwei Duschen einfach zwecks des Bergblicks direkt nach draußen verlegt. Da bekommt „atemberaubend“ eine ganz neue Bedeutung.

☺ Wenn Sie von der Gamshütte aus eine Tagestour machen möchten, bietet sich vor allem auf die Vordere Grinbergspitze an (➲ 5,5 km, ⌛ 4 Std., 🡅 850 m, ⇧ 1.921-2.765 m). Los geht es oberhalb der Hütte auf gut ausgeschilderten Steigen und später weglos auf markiertem Blockwerk in Richtung Gipfel auf 2.765 m, der über einen Grat erreicht wird. Von hier aus geht es entweder zurück oder für besonders erfahrene Bergsteigerinnen und Bergsteiger noch weiter auf die Mittlere und Hintere Grinbergspitze. Diese Passagen sind allerdings unmarkiert und nur über unterschiedlich anspruchsvolle Klettereien zu meistern.

1. Etappe: Gamshütte – Friesenberghaus

14 km, 8 Std. 0 Min., ↑ 1.525 m, ↓ 971 m, ⇧ 1.861-2.515 m

0,0 km	⇧ 1.921 m	Gamshütte
3,2 km	⇧ 2.130 m	Graue Platte
5,2 km	⇧ 1.869 m	Feldalm
9,2 km	⇧ 2.004 m	Kesselbach
12,3 km	⇧ 2.368 m	Abfluss des Wesendlkarsees
14,0 km	⇧ 2.498 m	Friesenberghaus

Der erste Tag auf dem Berliner Höhenweg selbst fordert Sie mit ordentlicher Wegstrecke und nicht wenigen Höhenmetern fast immer über 2.000 Hm direkt einmal ziemlich heraus. Es geht auf 14 km von der Gamshütte über teils steiles Blockwerk zur Grauen Platte, über die Pitzenalm und den Kesselbach weiter bis zum Friesenberghaus.

Futtersuche vor der Feldalm

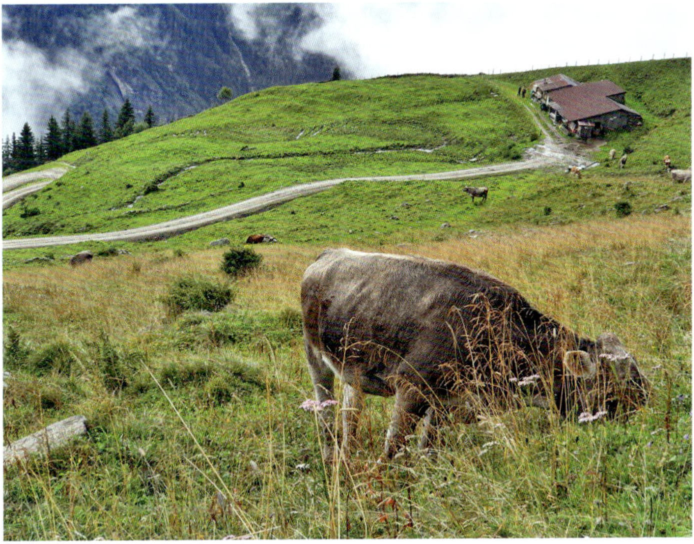

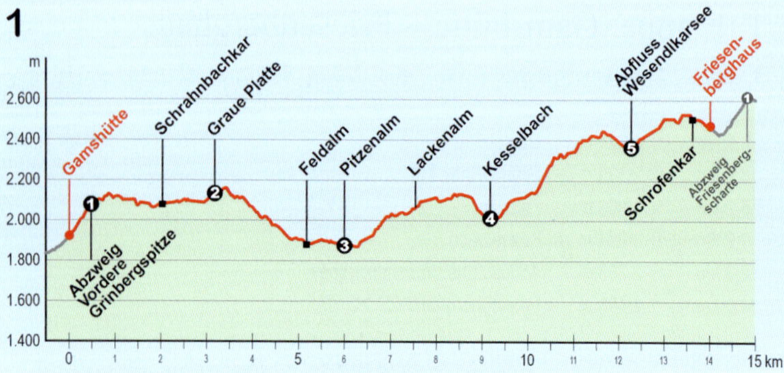

Los geht es von der Gamshütte aus bergan auf den Hang in Richtung Vordere Grinbergspitze. Der Einstieg befindet sich hinter der Terrasse der Hütte. Dort gehen Sie links hoch. Nach 500 m zweigt der Berliner Höhenweg nach links in südwestliche Richtung ab ❶ und verläuft auf einer etwas flacheren Passage.

Zu unterschätzen ist dieses Stück nicht, da es zur Linken steil bergab geht und die Wege sich eng am Hang entlang schlängeln.

Auf einem weiten Bogen mit zahlreichen kleinen Wasserfällen geht es durch das Schrahnbachkar hinauf zur Grauen Platte. Diese befindet sich auf dem Übergang zwischen der südöstlichen Flanke der Hinteren Grinbergspitze und dem Wildschrofen (2.142 m). Mit diesem Kar geht es das erste Mal auf einen Streckenteil, der aus Blockwerk besteht, welches Ihnen in den nächsten Tagen noch oft begegnen wird.

Ein **Kar** ist eine durch Ausschürfung eines kurzen Gletschers entstandene Felsformation an Berghängen. Es befindet sich meist an der sonnenabgewandten Seite, da die Kargletscher dort entstehen, wo sich viel Schnee ansammelt. Charakteristisch sind hier die versteilten Rückwände und die sogenannte Karschwelle. Hier wurde zu der Zeit, als der Gletscher noch existierte, das Eis gen Tal geschoben und durch die Kraft der Bewegung sammelten sich Schutt- und Blockhalden an.

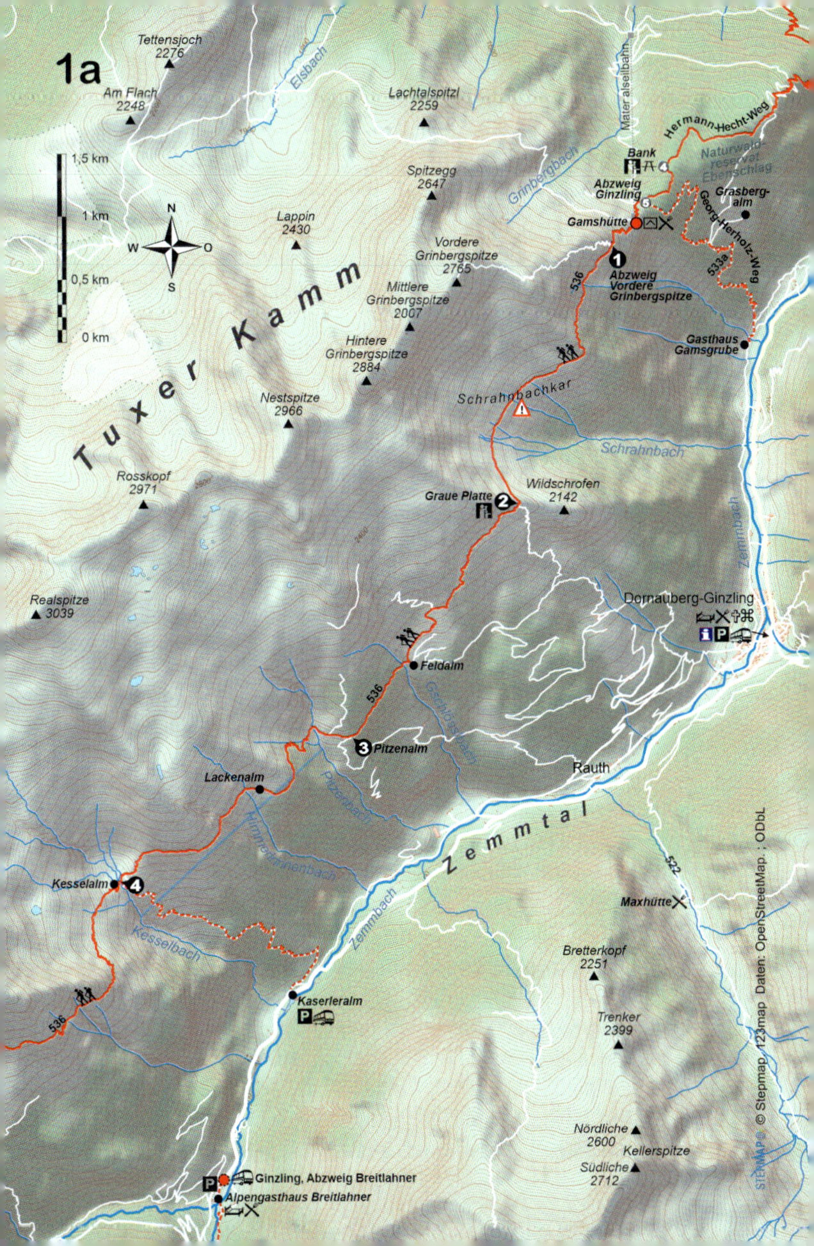
1a
Tettensjoch 2276
Elsbach
Lachtalspitzl 2259
Mater alselbahn
Hermann-Hecht-Weg
Am Flach 2248
1,5 km
1 km
0,5 km
0 km
N
W
O
S
Bank
Naturwaldreservat Ebenschlag
Grinbergbach
Spitzegg 2647
Abzweig Ginzling
Grasberg-alm
Georg-Herholz-Weg
Lappin 2430
Gamshütte
Vordere Grinbergspitze 2765
1
Abzweig Vordere Grinbergspitze
536
533a
Mittlere Grinbergspitze 2007
Tuxer Kamm
Hintere Grinbergspitze 2884
Gasthaus Gamsgrube
Nestspitze 2966
Schrahnbachkar
Schrahnbach
Rosskopf 2971
Graue Platte
2
Wildschrofen 2142
Zemmbach
Realspitze 3039
Dornauberg-Ginzling
Feldalm
536
3
Pitzenalm
Pitzenbach
Rauth
Lackenalm
Zemmtal
522
Kesselalm
4
Maxhütte
Kesselbach
Zemmbach
Bretterkopf 2251
Kaserleralm
536
Trenker 2399
© Stepmap, 123map Daten: OpenStreetMap ; ODbL
Nördliche 2600
Kellerspitze
Südliche 2712
Ginzling, Abzweig Breitlahner
Alpengasthaus Breitlahner

Durch genau diese laufen viele Teile des Berliner Höhenweges. Im ausgehöhlten Bereich zwischen Karschwelle und Rückwand bilden sich oft Karseen, wovon man im Verlauf des Weges auch noch den ein oder anderen entdecken wird.

Wichtig beim Überqueren der felsigen Strecken ist es, nicht den Überblick zu verlieren und auf jeden Schritt zu achten. Haben Sie immer den nächsten Markierungspunkt im Blick und testen Sie besonders kleinere Felsbrocken, bevor Sie darüber laufen, denn diese können oft wackeliger sein, als sie zuerst erscheinen. Wenn man mal ein Stück vom Weg abkommt, gehen Sie lieber noch mal ein paar Schritte zurück, der Pfad wurde meist nicht ohne Grund so gewählt. Dazu kommen die Moose und Flechten, die die Steine bedecken. Besonders bei Feuchtigkeit wie Nebel oder Regen können sie eine wahre Rutschpartie verursachen. Zuletzt gilt bei den Kletterpassagen bergauf: Gewicht immer zum Berg. Der schwere Rucksack lässt einen sonst schneller das Gleichgewicht verlieren, als einem lieb ist.

Angekommen auf der Grauen Platte ❷ werden Sie belohnt mit einem wunderbaren Panoramablick über das Zemmtal, der zu einer ersten Pause einlädt.

Hinab geht es zunächst über Blockwerk, dann über einen Latschenhang zur Feldalm. Links vorbei an der Hütte führt ein Weg nach Ginzling, der Berliner Höhenweg jedoch führt auf beachtlicher Höhe von über 1.800 m an der Alm rechts vorbei und über ein Holzgatter hinweg. Bald schon geht es hinein in einen waldigeren Abschnitt, an dessen Ende nach 6,2 km die Pitzenalm ❸ liegt. Kurz hinter der Hütte gehen Sie über eine Brücke über den Pitzenbach, und weiter bergan zur Lackenalm.

Kurze Entspannung gibt es auf dem folgenden leicht abfallenden Stück zur Kesselalm und dem Zusammenfluss der vielen kleineren Quellbäche des Kesselbaches ❹. Auch hier weisen einige hölzerne Stege den Weg über das teils tosende Gewässer.

Vor dem Bach führt ein Talabstieg nach links, der 3,3 km bis zur Kaserleralm im Zemmtal verläuft.

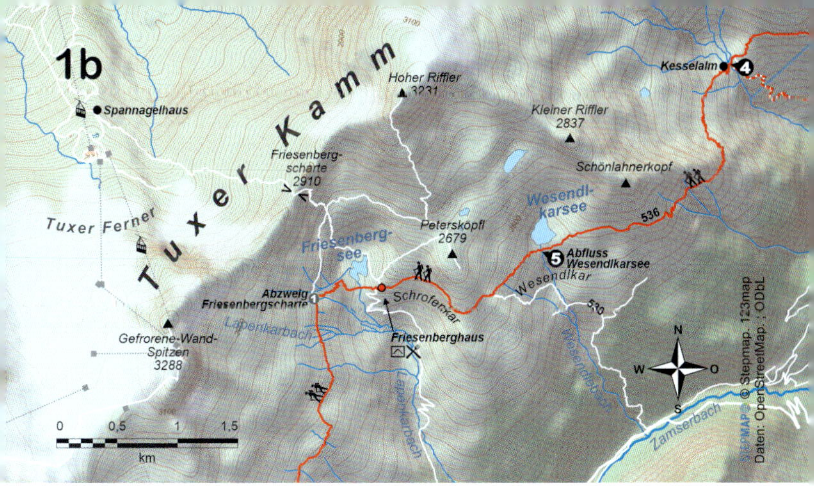

Die gerade abgestiegenen Höhenmeter müssen jetzt wieder auf das Pluskonto und so geht es hinauf auf die Ausläufer des Riffler-Ostgrates, am Schönlahnerkopf vorbei und über den Abfluss des Wesendlkarsees ❺, dessen Südufer nur ein paar Meter rechts liegt. Über Blockhalden führt die Strecke, teils mit Kletterpassagen, bis zum Hang des Peterskopfls (2.679 m), der umrundet wird. Auf der Westseite können Sie das erste Mal das ⌂ ✕ Friesenberghaus sehen. Hier verläuft das letzte Stück des Weges durch das Schrofenkar und endet an der höchstgelegenen Hütte des gesamten Berliner Höhenweges auf 2.498 m.

⌂ ✕ Friesenberghaus, Dornauberg 101, 6295 Ginzling, ☏ 00 43/(0)6 76/749 75 50, 💻 www.friesenberghaus.at, ✉ friesenberghaus@gmx.at, Matratzenlager € 13 (Nicht-Mitglieder € 25), Zimmerlager € 20 (Nicht-Mitglieder € 35), Zimmer: 30-34 Plätze, Matratzenlager: 34 Plätze, Winterraum vorhanden, Trockenraum, 🚪 Mitte Juni bis Anfang Oktober, @ 🚿

Auf 2.498 m thront das Friesenberghaus seit 1926 über dem Zamser Grund und ist nach einer der längsten Etappen der wohlverdiente Einkehrort für Wanderinnen und Wanderer auf dem Berliner Höhenweg. Auch aus dem Tal ist der Aufstieg auf familienfreundlichem Weg durch den Zirmwald und über die Friesenbergalm bis zur Hütte möglich.

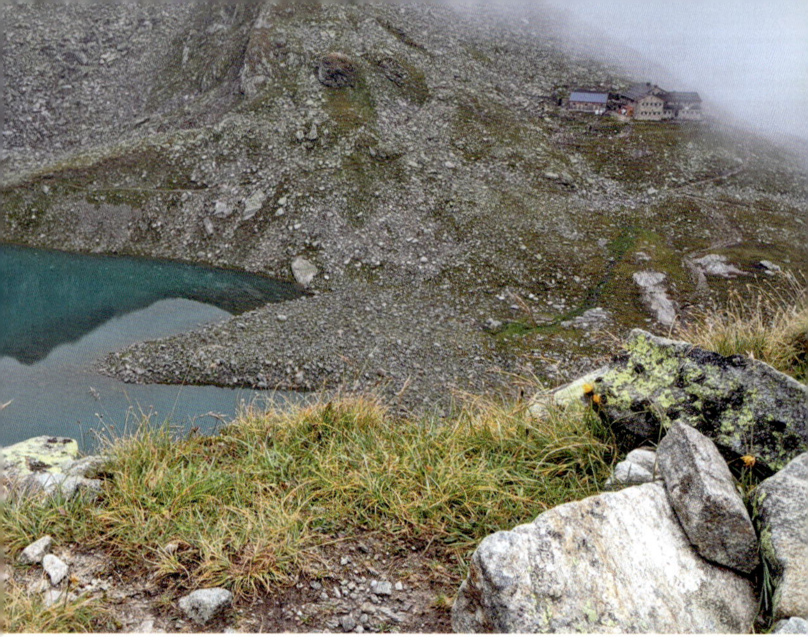

Friesenberghaus und Friesenbergsee verschwinden im Morgennebel

Die Warmwasserduschen und die gemütliche Stube mit familiärem Flair machen die Hütte für wenige Stunden zu einem kleinen Zuhause. Jeden Abend gibt es außerdem vom Hüttenteam den aktuellen Wetterbericht und Tipps für den kommenden Wandertag.

☺ Der Standort selbst lädt nicht nur zu Tagestouren zum Hohen Riffler (➲ 4,7 km, ⌛ 4 Std. 30 Min., 🡅 770 m, ⇧ 2.482-3.231 m) oder zum Peterskopfl (➲ 2 km, ⌛ 1 Std., 🡅 176 m, ⇧ 2.470-2.646 m), sondern auch zu einem erfrischenden Bad im Friesenbergsee ein, der direkt hinter der Hütte liegt.

Hier kreuzt zudem die Peter-Habeler-Runde den Berliner Höhenweg. Sie führt auf 6 Etappen vom Friesenberghaus über die Olpererhütte bis zum Pfitscherjochhaus in Südtirol und auf der westlichen Seite des Tuxer Hauptkamms über Hintertux und die Friesenbergscharte zurück zum Ausgangspunkt.

Der Extrembergsteiger und Bergführer **Peter Habeler** stammt gebürtig aus Mayrhofen und ist in den Zillertaler Alpen aufgewachsen. Zwischen den 3.000ern fand er früh seine Liebe zum Bergsteigen, doch es zog ihn schon bald höher hinaus. Berühmt hat ihn seine wortwörtlich atemberaubende Tour 1978 gemacht: Zusammen mit Reinhold Messner bestieg er als Erster den Mount Everest ohne zusätzlichen Sauerstoff. Habeler bezwang außerdem vier weitere 8.000er und konnte unter anderem in den amerikanischen Rocky Mountains und dem Yosemite-Nationalpark Erstbesteigungen und spektakuläre Touren seiner sagenhaften Bergsteigerkarriere hinzufügen. Zu ihrem 70. Geburtstag wurde der, inzwischen nach Mayrhofen zurückgekehrten, Zillertaler Legende zu Ehren die Peter-Habeler-Runde eingeweiht.

2. Etappe: Friesenberghaus – Furtschaglhaus

➲ *13,9 km,* ⌛ *5 Std. 15 Min.,* ↑ *756 m,* ↓ *922 m,* ⇧ *1.791-2.627 m*

0,0 km	⇧ 2.498 m	Friesenberghaus ⌂ ✕
4,0 km	⇧ 2.410 m	Panoramabrücke
4,2 km	⇧ 2.389 m	Olpererhütte ⌂ ✕
7,4 km	⇧ 1.793 m	Schlegeisspeicher
11,1 km	⇧ 1.794 m	Schlegeisbach
13,9 km	⇧ 2.295 m	Furtschaglhaus ⌂ ✕

Heute wartet definitiv eine der schönsten Etappen des gesamten Weges auf Sie. Es geht vorbei an der Olpererhütte mit der inzwischen berühmten Hängebrücke, von der man einen traumhaften Blick über den Schlegeisspeicher hat. An ebendiesem führt der Weg später einmal komplett vorbei, um schließlich zum Furtschaglhaus aufzusteigen.

Sie starten vom Friesenberghaus Richtung Westen und gehen hinunter zum Friesenbergsee und über seinen Abfluss hinweg. Auf der anderen Seite kann man schon aus der Ferne die zahllosen Kehren erkennen, die es jetzt hinaufgeht. Hier lohnt auch zwischendurch ein Blick zurück, das Panorama über den kleinen See und der darüber aufragenden Hütte belohnt schon nach der kurzen zurückgelegten Strecke. Auf über 2.600 Hm zweigt der Berliner Höhenweg dann nach links ab ❶, ↬ rechts geht es zur Friesenbergscharte, zum Spannagelhaus und zum Hohen Riffler.

Nach dieser morgendlichen Aufwärmrunde können Sie sich auf den folgenden Kilometern entspannen und an der herrlichen Aussicht erfreuen, es geht nämlich gemächlich abwärts. Auf grünen Wiesen mit bizarren Felsformationen führt der Weg Richtung Olpererhütte und quert dabei den Lapenkarbach und den Falschseitenbach ❷. Die Aussicht auf den Tuxer Kamm zur Rechten und den Zamser Grund zur Linken kann man auf so einem gemäßigten Stück besonders genießen. Direkt auf der anderen Seite der Bergkette, zu der auch die Gefrorene-Wand-Spitzen gehören, liegt das Skigebiet Hintertux, das durch seine günstige Gletscherlage 365 Tage im Jahr zum Skifahren geöffnet ist.

Nach 4 km erreichen Sie einen der absoluten Höhepunkte des Berliner Höhenweges: die Panoramahängebrücke über den Alelebach mit einem sagenhaften Blick auf den türkisblauen Schlegeisspeicher und die Tiroler Bergwelt im Hintergrund. Teilweise wird sie auch als Kebema-Panoramabrücke bezeichnet, woher dieser Name stammt, kann aber inzwischen nicht mehr geklärt werden. Wenn Ihnen noch ein schönes Foto von der Wanderung fehlt, sind Sie auf der spektakulären Konstruktion genau richtig. Hier werden diejenigen belohnt, die früh aufgestanden sind.

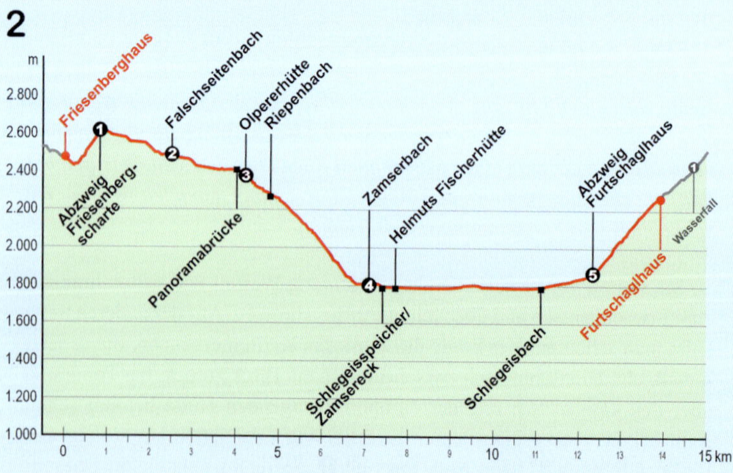

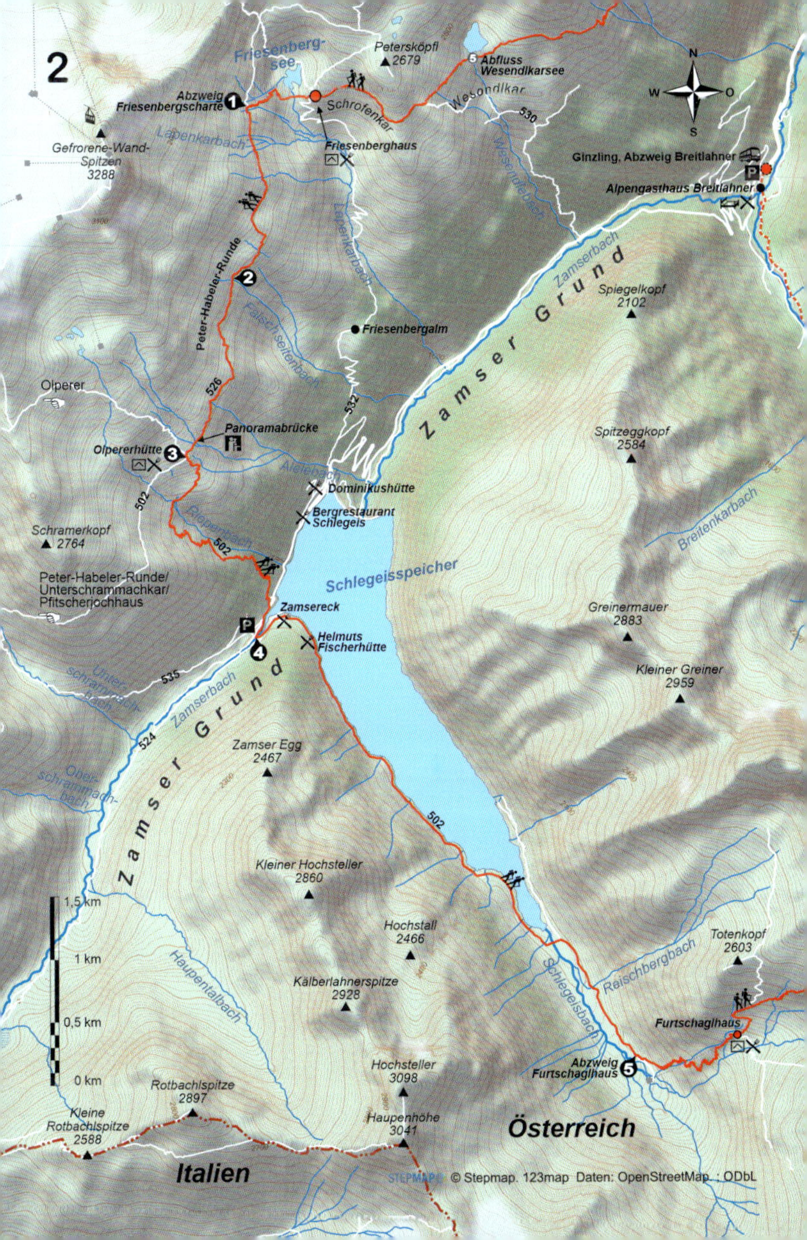
2
Friesenbergsee
Peterköpfl
2679
Abfluss Wesendlkarsee
Abzweig Friesenbergscharte
Schrofenkar
Wesendlkar
530
Gefrorene-Wand-Spitzen
3288
Lapenkarbach
Friesenberghaus
Ginzling, Abzweig Breitlahner
Alpengasthaus Breitlahner
Wesendlebach
Lapenkarbach
Peter-Habeler-Runde
Zamserbach
Spiegelkopf
2102
Friesenbergalm
Falschseitenbach
526
532
Zamser Grund
Olperer
Panoramabrücke
Olpererhütte
Spitzeggkopf
2584
Alelebach
Dominikushütte
502
Bergrestaurant Schlegeis
Schramerkopf
2764
Riepenbach
Breitenkarbach
Schlegeisspeicher
Peter-Habeler-Runde/
Unterschrammachkar/
Pfitscherjochhaus
Zamsereck
Greinermauer
2883
Helmuts Fischerhütte
Kleiner Greiner
2959
Unterschrammachbach
535
Zamserbach
Zamser Grund
524
Zamser Egg
2467
Oberschrammachbach
502
Kleiner Hochsteller
2860
1,5 km
1 km
0,5 km
0 km
Hochstall
2466
Haupentalbach
Totenkopf
2603
Reischbergbach
Kälberlahnerspitze
2928
Schlegeisbach
Furtschaglhaus
Hochsteller
3098
Abzweig Furtschaglhaus
Rotbachlspitze
2897
Kleine Rotbachlspitze
2588
Haupenhöhe
3041
Österreich
Italien
© Stepmap. 123map Daten: OpenStreetMap ; ODbL

An schönen Sommertagen ist die Olpererhütte ein beliebtes Ausflugsziel und ab der Mittagszeit sehr gut besucht. Besonders junge Leute machen sich an Schönwettertagen in Scharen auf den Weg zum Foto-Hotspot, um den perfekten Urlaubsschnappschuss zu bekommen. Nach Angaben der Zillertal Tourismus GmbH war das Motiv der Brücke auf Social Media 2019 das meistgeteilte Bild Österreichs.

Nur wenige Meter hinter dem Ufer des Alelebachs befindet sich die Olpererhütte ❸, die mit der Panoramaterrasse zum zweiten Frühstück oder auch zum Mittagessen einlädt.

Die ⌂ ✕ Olpererhütte liegt auf 2.389 m und ist keine klassische Übernachtungshütte des Berliner Höhenweges. Wer aber zum Beispiel in einer der anliegenden Hütten keinen Platz mehr bekommt, ist auch hier herzlich willkommen. Die Unterkunft bietet Betten im Matratzenlager und in Mehrbettzimmern und steht den anderen Hütten auf dem Weg in nichts nach. Besonders das Panoramafenster im Aufenthaltsbereich bietet zu jeder Zeit einen spektakulären Blick auf die umliegende Bergwelt.

Olpererhütte

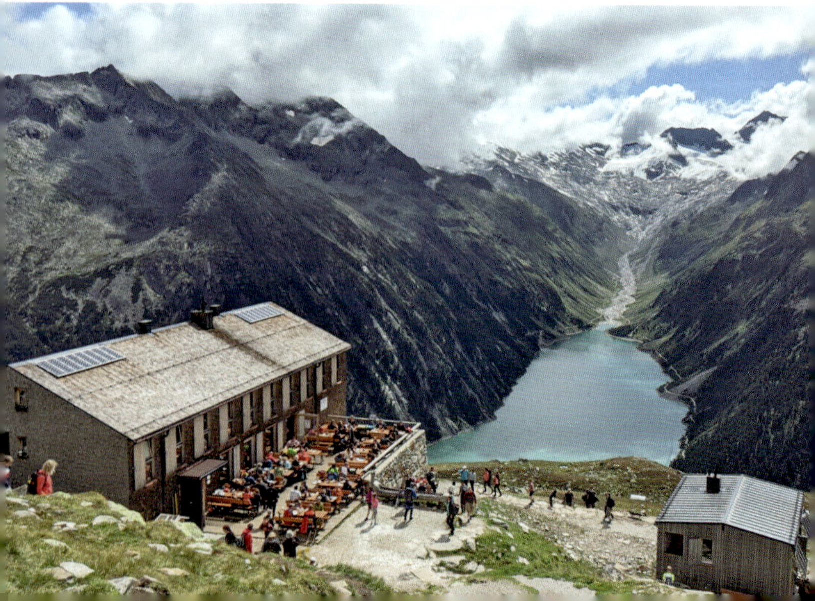

Olpererhütte, Dornauberg 110, 6295 Ginzling, ☏ 04 33/(0)6 64/417 65 66, www.olpererhuette.de, info@olpererhuette.de, Matratzenlager € 15 (Nicht-Mitglieder € 27), MBZ € 21 (Nicht-Mitglieder € 33), Zimmer: 20 Plätze, Matratzenlager: 40 Plätze, Winterraum vorhanden (mit AV-Schloss versehen), Anfang Juni bis Mitte Oktober, @

Die Hütte liegt am Fuße des Olperers, der mit 3.476 m der höchste Gipfel der Tuxer Alpen ist und ein beliebtes Ziel für Tagestouren für erfahrene Wanderinnen und Wanderer darstellt. Bis nach ganz oben müssen Kletterstücke des Schwierigkeitsgrads II, Gletscherpassagen und anspruchsvolle Wanderwege überwunden werden (9,6 km, 7 Std., 1.084 m, 2.388-3.472 m). Ein anderer Rundweg von der Olpererhütte aus verläuft Richtung Süden durch das Unterschrammachkar bis über die italienische Grenze zum Pfitscherjochhaus und von dort aus über den Schlegeisspeicher wieder zurück (17,1 km, 7 Std., 900 m, 1.795-2.389 m).

Oberhalb der Hütte wurde 2009 ein Klettergarten an den steilen Granitfelsen eingerichtet, der aus inzwischen acht Routen besteht und verschiedene Schwierigkeitsgrade enthält.

Mit diesem wundervollen Blick geht es nun etwa 600 Hm in den Zamser Grund hinunter. Dank des sehr gut ausgebauten Weges, der zwischen der Olpererhütte und dem Ziegenstall hinabführt, ist auch diese Passage gut machbar. Der Pfad kreuzt den Riepenbach und sucht sich über den Felsbrocken übersäten Hang seinen Weg ins Tal. Unten angekommen erreichen Sie schließlich eine Straße, die nach rechts Richtung Parkplatz verläuft.

An der Straße angekommen können Sie sich alternativ auch für einen Zwischenstopp nach links wenden, um zur Staumauer zu gelangen. Dort befinden sich neben Restaurants, einer Übernachtungsmöglichkeit in der Dominikushütte und einem weiteren Parkplatz auch der Klettersteig Schlegeis.

Bergrestaurant Schlegeis, Dornauberg 107, 6295 Ginzling, ☏ 00 43/(0)6 64/73 29 69 39, www.schlegeissee.at, Mitte Mai bis Ende September 9:00-18:00

Dominikushütte, Dornauberg 104, 6295 Ginzling, ☏ 00 43/(0)6 64/73 29 69 39, www.dominikushuette.at, info@dominikushuette.at, MBZ € 38, DZ € 46, beides inkl. Frühstück, HP möglich, Ende Mai bis Mitte Oktober

Nachdem Sie ein kurzes Stück auf der asphaltierten Strecke nach rechts gegangen sind, wandern Sie links über den Zamserbach ❹ und direkt wieder links zur Gaststätte Zamsereck.

Zamsereck, Dornauberg 119, 6295 Ginzling, ☏ 00 43/(0)6 64/73 29 69 39, www.schlegeissee.at, Mitte Mai bis Ende September 9:00-18:00

Der Hochgebirgsstausee **Schlegeisspeicher** wurde zwischen 1965 und 1971 zur Stromgewinnung gebaut, aber auch um Hochwasser kontrolliert ins Tal ableiten zu können. Dafür wurde die 131 m hohe und 725 m lange Staumauer errichtet, die inzwischen auch mit einem u Klettersteig ausgestattet ist. Und besonders die Energiegewinnung funktioniert hervorragend: Über zwei Wasserkraftwerke fließt das Wasser mit bis zu 300 km/h durch unterirdische Verbindungen bis ins Tal und so kann genug Strom erzeugt werden, um bis zu 500.000 Haushalte ein Jahr mit Strom zu versorgen (www.schlegeis-speicher.com). Und denjenigen, die sich fragen, woher der Speichersee seine Farbe hat, denen kann das Fachgebiet der Limnologie weiterhelfen. So kann man die türkisblaue Färbung zum Beispiel durch den niedrigen Anteil an Kalkkristallen und den relativ nährstoffarmen Boden erklären.

An der Westseite des Sees entlang führt der Weg Richtung Süden, vorbei an einem weiteren Restaurant.

Helmuts Fischerhütte, Dornauberg 120, 6295 Ginzling, ☏ 00 43/(0)52 85/625 81, mittenfeld@aon.at, Mai bis Ende Oktober (je nach Öffnung der Mautstraße zum Schlegeisspeicher) täglich 9:00-18:00

Weiter geht es am Ufer entlang mit Blick auf den Schlegeiskees und den Furtschaglkees am anderen Ende des Speichers. Wie das Gletschergebiet, das in den letzten Jahrzehnten rapide geschrumpft ist, früher ausgesehen hat, können Sie auf Infotafeln am Uferweg oder später im Furtschaglhaus auf alten Aufnahmen und Zeichnungen sehen. Die Eismassen erstrecken sich vom Hochfeiler (3.509 m) im Westen bis zum Großen Möseler (3.480 m) im Osten, dem höchsten und zweithöchsten Gipfel der Zillertaler Alpen.

☺ In den Zillertaler Alpen und den Hohen Tauern wird ein Gletscher als Kees bezeichnet. Weiter im Westen Tirols ist hauptsächlich der Begriff Ferner zu finden.

Am Ende des Uferweges geht es nach links über den Schlegeisbach, der den See speist. Auf der anderen Seite angekommen geht es nach rechts auf einem breiten Pfad noch ein Stück am Bach entlang. Schließlich biegen Sie nach links auf einen schmaleren Wanderweg ab ❺, der sich etwa 300 Hm zum ⌂ ✕ Furtschaglhaus hinaufschlängelt.

⌂ ✕ Furtschaglhaus, Dornauberg 115, 6295 Ginzling, ☏ 00 43/(0)68 18/421 87 51, 💻 www.furtschaglhaus.com, ✉ info@furtschaglhaus.at, Matratzenlager € 13 (Nicht-Mitglieder € 25), MBZ € 20 (Nicht-Mitglieder € 35), Zimmer: 56 Plätze, Matratzenlager: 64 Plätze, Winterraum vorhanden, Trockenraum vorhanden, 🚪 Mitte Juni bis Mitte September, @ 🚿

Mit malerischem Panoramablick liegt das Furtschaglhaus über dem Schlegeisspeicher und nur eine Bergkette vom Nachbarland entfernt. Bereits hinter dem Gletschergebiet an der Südseite beginnt das italienische Südtirol.

Wer nach einem anstrengenden Tag lieber entspannen will, ist ebenfalls genau richtig. Die große südseitig gelegene Terrasse lädt zum Verweilen ein und die gut geheizte Gaststube ist auf drei Seiten komplett mit Fenstern ausgestattet. Manchmal sitzt man hier bis spät in den Abend hinein zusammen und sieht dabei um sich herum die Berggipfel in der Dunkelheit versinken.

☺ Von der Hütte aus geht es Richtung Großer Möseler. Ganz nach oben auf den 3.480 m hohen Gipfel kommen geübte Bergsteigerinnen und Bergsteiger über Gletscherfelder, Kletterei im II. Grad und einen steilen Firngrat (➲ 7,4 km, ⌛ 7 Std., ⬆ 1.300 m, ⇧ 2.295-3.480 m).

3. Etappe: Furtschaglhaus – Berliner Hütte

➲ 8,3 km, ⌛ 6 Std. 30 Min., ↑ 942 m, ↓ 1.187 m, ⇧ 1.972-3.134 m

0,0 km	⇧ 2.295 m	Furtschaglhaus
3,1 km	⇧ 3.134 m	Schönbichler Horn
4,5 km	⇧ 2.659 m	Garberkar
7,0 km	⇧ 1.978 m	Waxeggbach
8,3 km	⇧ 2.044 m	Berliner Hütte

Auf der dritten Etappe des Berliner Höhenweges geht es nicht nur sprichwörtlich hoch hinaus, sondern bis auf das Schönbichler Horn mit über 3.000 Hm und damit den höchsten Punkt des gesamten Weges. Über den mindestens genauso spektakulären Abstieg auf dem Ostgrat geht es bis zur Seitenmoräne des Waxeggkees und das letzte Stück hinauf zur Berliner Hütte, einem weiteren Highlight auf dem Wanderweg.

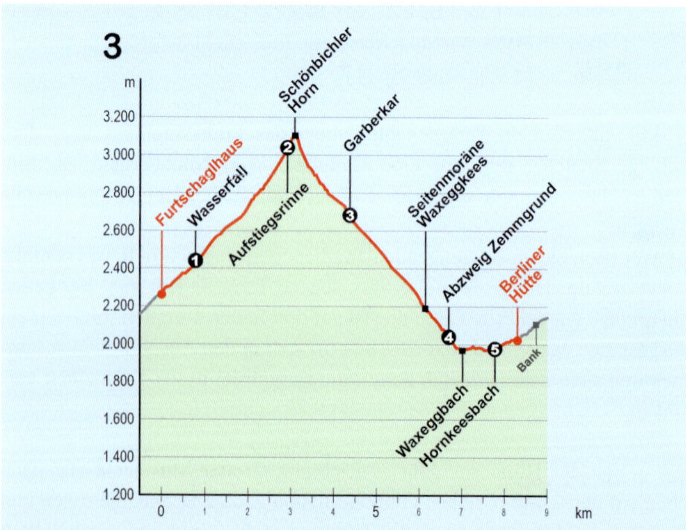

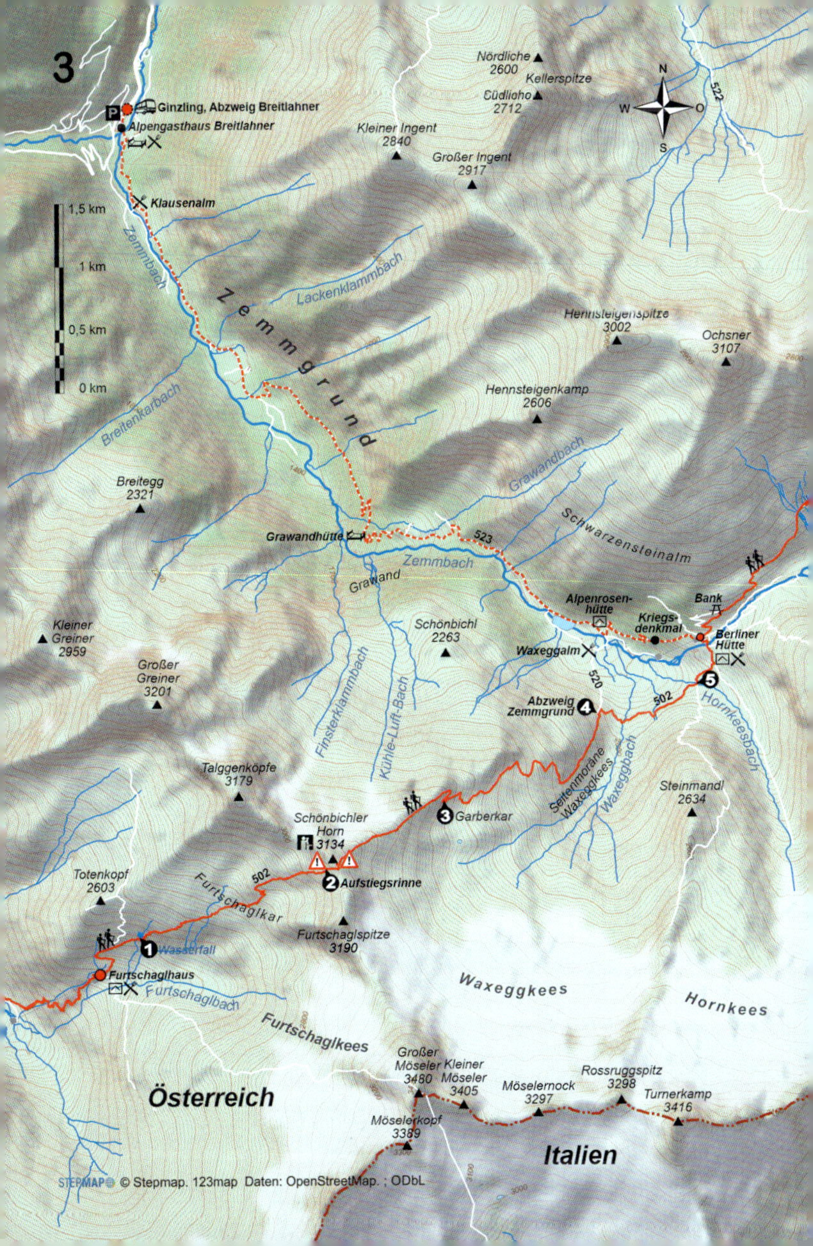
3
Ginzling, Abzweig Breitlahner
Alpengasthaus Breitlahner
Klausenalm
Zemmbach
Zemmgrund
Lackenklammbach
Breitenkarbach
Nördliche 2600
Kellerspitze
Südliche 2712
Kleiner Ingent 2840
Großer Ingent 2917
N
W
O
S
522
1,5 km
1 km
0,5 km
0 km
Hennsteigenspitze 3002
Ochsner 3107
Hennsteigenkamp 2606
Grawandbach
Schwarzensteinalm
Breitegg 2321
Grawandhütte
523
Zemmbach
Grawand
Schönbichl 2263
Alpenrosen-hütte
Kriegs-denkmal
Bank
Berliner Hütte
Waxeggalm
520
502
Abzweig Zemmgrund
Hornkeesbach
Kleiner Greiner 2959
Großer Greiner 3201
Finsterklammbach
Kühle-Luft-Bach
Talggenköpfe 3179
Garberkar
Seitenmoräne Waxeggkees
Waxeggbach
Steinmandl 2634
Schönbichler Horn 3134
Aufstiegsrinne
502
Totenkopf 2603
Furtschaglkar
Furtschaglspitze 3190
Wasserfall
Furtschaglhaus
Furtschaglbach
Waxeggkees
Hornkees
Furtschaglkees
Großer Möseler 3480
Kleiner Möseler 3405
Möselernock 3297
Rossruggspitz 3298
Turnerkamp 3416
Möselerkopf 3389
Österreich
Italien
STEPMAP © Stepmap. 123map Daten: OpenStreetMap. ; ODbL

Oberhalb des Furtschaglhauses führt der Weg von der Terrasse aus empor. Mit einem wunderbaren Ausblick auf den Gletscher und das Schönbichler Horn, dessen Gipfelkreuz auf dem rechten der beiden mittleren Gipfel bereits zu erkennen ist, folgen Sie dem Pfad über die Grashänge. Aus der Ferne ertönt hier oft ein lauter, schriller Ruf, der von den Bewohnern der vielen runden Löcher im Boden stammt. In diesem Murmeltiergebiet kann man die flauschigen Nager oft auf Steinen hocken sehen, wenn man leise genug ist.

Zu Beginn noch gleichmäßig über Schieferplatten ansteigend passieren Sie nach 800 m einen Wasserfall ❶. Bald darauf geht es zunehmend steiler durch das Furtschaglkar und über teils schwierige Pfade hinauf auf den Felsvorbau auf 2.819 m. Dieser ist nach einigen kurzen abschließenden Kehren erreicht. Von Felsen und Schutt geprägt geht es weiter über die Westflanke bis zu einer steilen Rinne ❷.

Dieses seilgesicherte Stück zur Linken verlangt Ihnen auf den letzten Höhenmetern noch mal einiges ab, aber die Mühen zahlen sich aus.

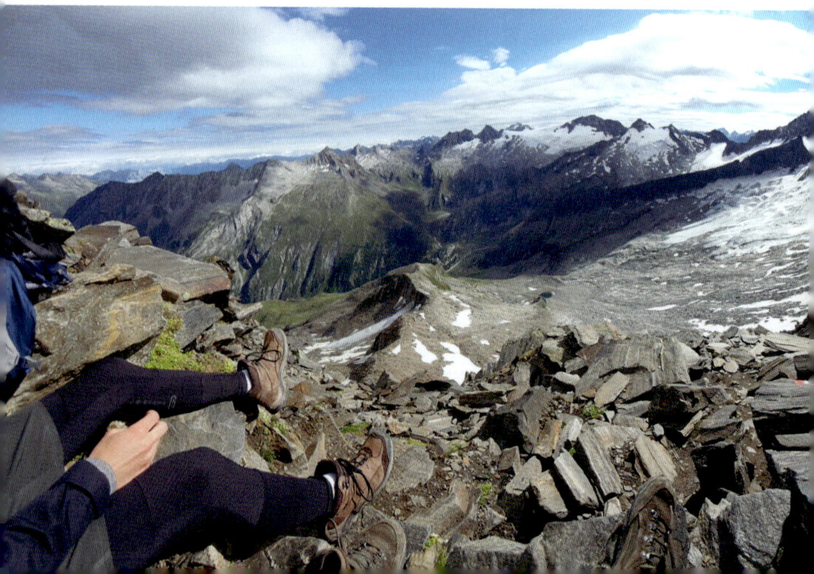

Die letzten Meter zum Gipfel, die nach links abzweigen, gehören prinzipiell nicht zum Berliner Höhenweg, sind aber natürlich ein Muss, wenn man es schon bis hierher geschafft hat. Auf 3.134 m über dem Meeresspiegel erreicht man so das Gipfelkreuz des Schönbichler Horns und damit den höchsten Punkt der gesamten Strecke. Mit Blick auf den Schlegeisspeicher auf der einen und den Zemmgrund auf der anderen Seite ist hier genau der richtige Zeitpunkt für eine ausgiebige Rast. Richtung Süden ist von hier aus der zweitgrößte Berg der Zillertaler Alpen, der Große Möseler, zu sehen. Er liegt direkt an der italienischen Grenze und ist an der Nordseite, auf die man von hieraus schaut, vom Waxeggkees bedeckt.

Was Sie an Strecke bergauf geschafft haben, gehen Sie anschließend von der Spitze über die ebenfalls seilversicherte Ostflanke auch wieder hinab. Wie für viele andere Abschnitte auch, wurde hierfür berechtigterweise die Anforderung „trittsicher" gestellt, die Sie auf jeden Fall erfüllen sollten. Doch nach dem anstrengenden ersten Teil des Abstieges geht es auf dem Ostgrat weiter über treppenähnliche Schieferplatten dem Zemmgrund und der Berliner Hütte in der Ferne entgegen.

Rast auf dem Schönbichler Horn mit Blick auf das Waxeggkees

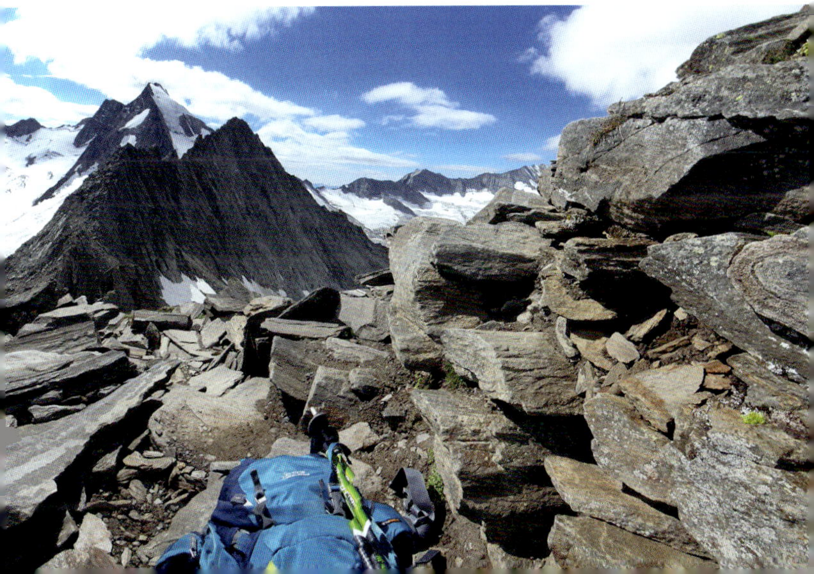

Am Ende des Grats führt der Pfad nach rechts hinab in das Blockwerk des Garberkars ❸, dem der Weg bergab folgt, bis er wieder auf den Grashang trifft. Nach einigen weiten Schlenkern auf den üppigen Wiesen gelangt man schließlich auf die Seitenmoräne des Waxeggkees.

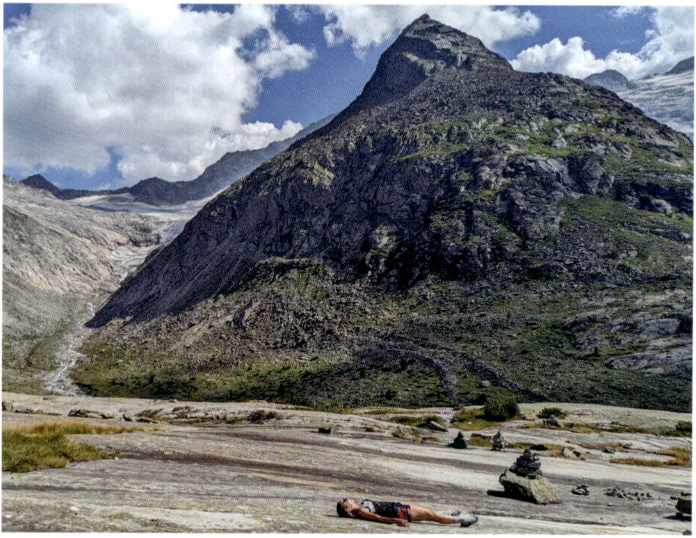

Pause auf den Gletscherschliffplatten

Als **Moräne** wird in der Geologie eine glaziale Ablagerung bezeichnet. Die Seitenmoränen entstehen durch Geröll und Schutt, welches sich an den Rändern der Gletscherflanken ablagert und so links und rechts der Eismassen einen Wall aus Gesteinsbrocken bildet.

Der Seitenmoräne folgend geht es weiter hinunter in den Zemmgrund bis zum Abzweig zur Berliner Hütte nach rechts ❹.

↳ Nach links geht es zur ⌂ ✕ Alpenrosenhütte, die eine alternative Übernachtungsmöglichkeit darstellt. Folgen Sie dafür dem ersten Teil der Wegbeschreibung des ☞ Abstiegs von der Berliner Hütte.

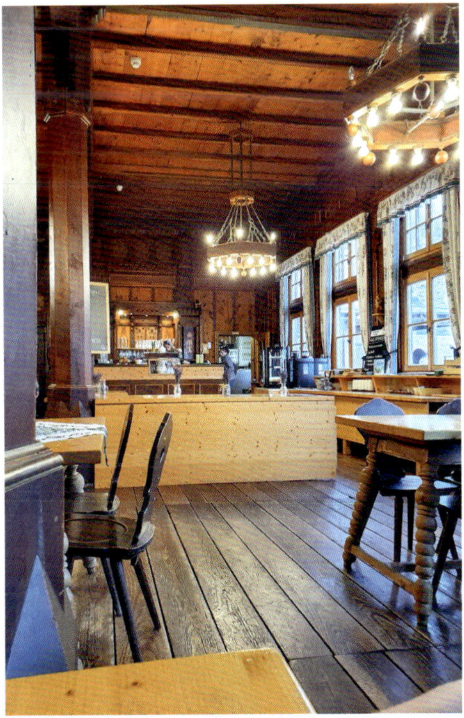

Speisesaal der Berliner Hütte

Die letzten 1,6 km der Tagesetappe führen über weiße Felsen bergab bis zur Überquerung des glasklaren Waxeggbaches, über den der Waxeggkees entwässert. Noch bis vor 100 Jahren war an dieser Stelle meterhohes Gletschereis aufgetürmt, das sich langsam Richtung Tal schob. Weiter geht es auf dem Weg 502 über grüne Weiden und den Hornkeesbach ❺ bis zu den gewaltigen Gletscherschliffplatten, die den Boden bedecken. Die inzwischen gut bekannten rot-weißen Markierungen weisen den Weg quer über diese hinweg und durch das Schweinegehege bis zur hölzernen Brücke über den tosenden Zemmbach, an dessen anderem Ufer die ⌂ ✕ Berliner Hütte thront. Kurz vor der Brücke mündet von rechts noch der Aufstieg zur Hornspitze ein.

⌂ ✕ Berliner Hütte, Zemmgrund 282, 6295 Ginzling, ☏ 00 43/(0)52 86/200 62, 💻 www.berlinerhuette.at, ✉ info@berlinerhuette.at, Matratzenlager € 13 (Nicht-Mitglieder € 12), MBZ € 20 (Nicht-Mitglieder € 25), EZ/DZ € 25 (Nicht-Mitglieder € 40), Zimmer: 75 Plätze, Matratzenlager: 102 Plätze, Winterraum vorhanden, Trockenraum vorhanden, 🚪 Mitte Juni bis Ende September, @ 🚿

Bei dieser Etappe des Berliner Höhenweges ist diesmal nicht nur der Weg, sondern auch das Ziel das Ziel. Ein absoluter Höhepunkt des Berliner Höhenweges ist der im Jahr 1879 eröffnete und inzwischen denkmalgeschützte Prachtbau, der auf der Schwarzensteinalm im oberen Zemmgrund liegt. Als erstes Schutzhaus der Zillertaler Alpen blickt die Berliner Hütte auf seine viele Jahrzehnte lange Bergsteigertradition zurück und wartet mit architektonischen Finessen auf, die sich in der meterhohen Eingangshalle und dem besonders für damalige Verhältnisse imposanten Speisesaals widerspiegeln.

Die wunderschöne Terrasse, die kulinarischen Highlights sowie die spannende Historie machen den Besuch auf der Berliner Hütte zu etwas ganz Besonderem und eröffnen einen Blick in die Vergangenheit der alpinen Sehnsucht.

☺ Tagestouren zu der Dritten Hornspitze (➲ 9,7 km, ⌛ 7 Std., ↑ 1.212 m, ⇧ 2.042-3.254 m) oder dem Schwarzsee (➲ 5,4 km, ⌛ 3 Std. 30 Min., ↑ 429 Hm, ➲ 2.041-2.471 m).

↳ Abstieg von der Berliner Hütte bis zum Alpengasthaus Breitlahner

➲ 8,9 km, ⌛ 2 Std., ↑ 26 m, ↓ 906 m, ⇧ 1.160-2.040 m

Wenn Sie nur eine Hälfte des Berliner Höhenweges wandern möchten, können Sie ihn genau in der Mitte teilen und entweder von der Berliner Hütte absteigen oder umgekehrt erst von dort aus starten. Los geht es dabei aus der imposanten Eingangshalle hinaus und nach links. Am Gatter entlang folgen Sie dem kleinen Weg bergab und passieren dabei zur Rechten ein in den Berg eingelassenes Mahnmal zum Gedenken der Opfer des Ersten Weltkriegs.

Der schmale Steig führt durch Gehölz und Büsche bis oberhalb der ⌂ ✕ Alpenrosenhütte und mündet in die breitere Forststraße, auf der Sie sich nach rechts wenden. Geradeaus über die Brücke geht es zur ✕ Waxeggalm.

✕ Waxeggalm, Dornauberg 72, 6295 Ginzling, ☏ 00 43/(0)6 64/371 28 65, ✉ sv.muehlbauer@aon.at, ▯ Juni bis September

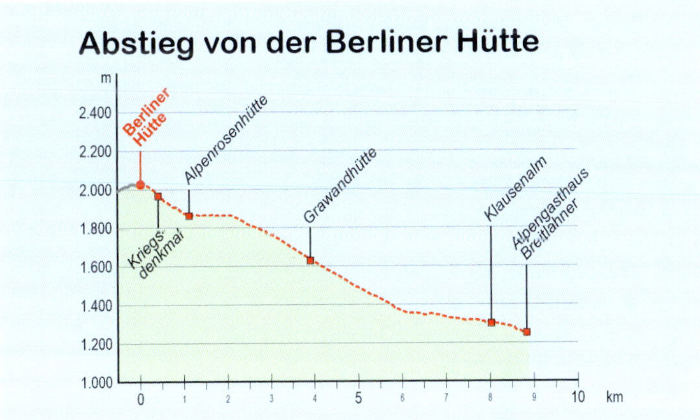

Alpenrosenhütte, Zemmgrund 281, 6295 Ginzling, ☏ 00 43/(0)6 64/167 03 91, www.schutzhuette-tirol.at info@alpenrose-huette.at, Matratzenlager € 15, EZ/DZ/MBZ € 25, Ende Mai bis Anfang Oktober,

An der Alpenrosenhütte vorbei und der Straße folgend verlassen Sie den oberen Zemmgrund, der auch bei Tageswanderinnen und Tageswanderern mit seinen traditionellen Häusern und der traumhaften Lage beliebt ist.

Sie begleiten den Zemmbach auf seinem Weg ins Tal und laufen durch die Schlucht, die dieser über lange Zeit in den Stein gefräst hat. Die felsigen Bergwände weichen mehr und mehr kleinen Waldstücken und sanften Weideflächen. Wenn Sie die Grawandhütte passiert haben, können Sie schon bald links die namensgebende Grawand durch die Bäume erspähen, deren spektakuläre Wasserfälle im Winter bei Eiskletterinnen und Eiskletterern beliebt sind.

Grawandhütte, Zemmgrund 279, 6295 Ginzling, ☏ 00 43/(0)6 76/650 27 28, www.grawandhuette.at, info@grawandhuette.at, DZ € 45, EZ € 45 p. P. jeweils mit Frühstück, Yoga-Retreat buchbar, Juli bis August

Der breite Forstweg führt Sie weiter hinab Richtung Tal, vorbei an einigen kleinen Häusern und der Klausenalm.

✕ Klausenalm, Zemmgrund 276, 6295 Ginzling, ☏ 00 43/(0)52 86/52 52,
www.klausenalm.at, info@klausenalm.at,
Mitte Mai bis Anfang Oktober täglich 11:00-18:00, dienstagsabends zus. geöffnet zum Hüttenabend mit Hausmusik

Sie halten sich weiter rechts, bis Sie an der Brücke vor dem Alpengasthaus Breitlahner ankommen.

✕ Alpengasthaus Breitlahner, Dornauberg 70, 6295 Ginzling, ☏ 00 43/(0)52 86/52 12,
www.breitlahner-zillertal.at, info@breitlahner-zillertal.at, DZ € 74 p. Z.,
EZ € 37 (beide inkl. Frühstück), Anfang Mai bis Ende September,
Restaurant 11:00-19:30

☺ Im Sommer befindet sich hier am Breitlahner der Zieleinlauf des Zillertaler Steinbockmarschs.

Dieser startet jährlich am Naturparkhaus in Ginzling, führt über die Mörchenscharte auf 2.871 m und über die Berliner Hütte hinab bis zum Alpengasthaus Breitlahner.

Die rund 30 km legen die schnellsten Läuferinnen und Läufer hier in unter drei Stunden zurück, die Wanderinnen und Wanderer sind natürlich etwas später im Ziel.

www.zillertaler-steinbockmarsch.com

Mit dem Bus gelangen Sie direkt zurück zu Ihrem Startpunkt. Am Parkplatz vorbei liegt an der Straße die Bushaltestelle „Ginzling, Abzweig Breitlahner", von der aus es zurück nach Mayrhofen oder auf der anderen Straßenseite Richtung Schlegeisspeicher geht.

P Wer vom Alpengasthaus Breitlahner aufsteigen will, um ab der Berliner Hütte der zweiten Hälfte des Berliner Höhenweges zu folgen, und mit dem Auto anreist, kann auf dem großen Parkplatz des Alpengasthauses Breitlahner gegen eine Gebühr von € 6 pro Tag bzw. € 20 für eine Woche das Auto abstellen. Der Abstieg fungiert dann in umgekehrter Reihenfolge als Aufstieg und Sie starten ab der Berliner Hütte mit der ☞ 4. Etappe.

4. Etappe: Berliner Hütte – Greizer Hütte

➲ *9,8 km,* ⌛ *6 Std. 15 Min.,* ↑ *1.249 m,* ↓ *1.069 m,* ⇧ *1.818-2.872 m*

0,0 km	⇧ 2.044 m	Berliner Hütte ⌂ ✕
2,8 km	⇧ 2.472 m	Schwarzsee ⊼ 🚻
4,7 km	⇧ 2.872 m	Mörchenscharte 🚻
8,0 km	⇧ 1.818 m	Floitenbach
9,8 km	⇧ 2.227 m	Greizer Hütte ⌂ ✕

Bereits nach kurzer Zeit erreichen Sie einen Höhepunkt der Etappe: den Schwarzsee. Es folgt der Übergang über die Mörchenscharte auf über 2.800 m. Nach dem sehr langen Abstieg geht es über den Floitenbach und zum Schlussanstieg zur Greizer Hütte.

Aus der großen Vordertür der Berliner Hütte hinaus geht es nach rechts auf dem Weg Nr. 502 an der Infotafel vorbei und auf zahlreichen Steinplatten bergan. Der schmale Pfad führt über die Moorböden des Schwarzensteinmoores und von der ⊼ Bank, die nach kurzer Zeit erreicht ist, blickt man direkt auf das Gletschergebiet des Waxeggkees und Hornkees.

Mit der Aufschrift Gletscherkino wurde die Bank im Rahmen des Projekts KlimaTop aufgestellt. Mit diesem Projekt nimmt der Hochgebirgs-Naturpark Zillertaler Alpen (☞ Naturpark) am interregionalen Projekt KlimaAlps teil. Mit mehreren Bänken und Lärchenpfosten soll im Gebiet um die Berliner Hütte auf die Potenziale für den Klimaschutz aufmerksam gemacht werden. Mehr Informationen zu dem Projekt gibt es unter 💻 www.naturpark-zillertal.at oder www.klimaalps.eu.

Schon bald lassen Sie den belebten Zemmgrund hinter sich und können den Blick in ein fast unberührtes Tal auf der anderen Seite werfen, durch das sich der Abfluss des Schwarzensteinkees schlängelt und im Tal ein wildromantisches Flussbett bildet. Nach rechts führt nach 1,6 km der Abzweig zur Gipfelbesteigung des Schwarzensteins ❶. Für die Fernwanderinnen und Fernwanderer geht es weiter geradeaus über zunehmend ansteigendes Terrain.

↬ Wem die Gipfelbesteigung des Schönbichler Horns nicht gereicht hat, der kann die vierte Etappe durch eine Besteigung des Schwarzensteingipfels und einer Übernachtung auf der höchsten Hütte des Zillertals, der Schwarzensteinhütte, ersetzen. ✋ Nur für erfahrene und fitte Bergsteigerinnen und Bergsteiger! Der Weg kann nur mit Gletscherausrüstung bewältigt werden und auch eine Bergführerin oder ein Bergführer empfiehlt sich, denn nicht alle Abschnitte sind markiert (Bergführer Stefan Wierer, ☎ 00 43/(0)6 64/124 00 69, 💻 www.zillertaler-bergfuehrer.at, ✉ info@zillertaler-bergführer.at, Besteigung Schwarzenstein für 1-5 Personen ab € 88 p. P., Ausrüstung (Gurt, Steigeisen) wird bereitgestellt).

Über 1.300 Hm gelangen Sie am ersten Tag über das Gletschergebiet des Schwarzensteinkees bis zum Gipfel. Ein Stück auf der italienischen Seite abwärts liegt die ⌂ ✕ Schwarzensteinhütte auf 3.026 m. Architektonisch ist der Neubau von 2016 wahrlich ein kleines Meisterwerk, das an die Zentrale eines Bond-Bösewichts erinnert und einen extremen Kontrast zu allen anderen Hütten auf dem Berliner Höhenweg bildet (➲ 10 km, ⌛ 5 Std. 30 Min., ↑ 1.300 m, ⇧ 2.044-3.369 m).

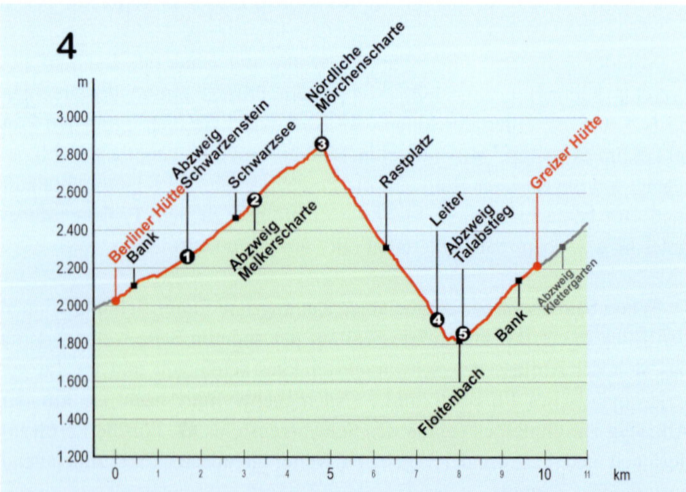

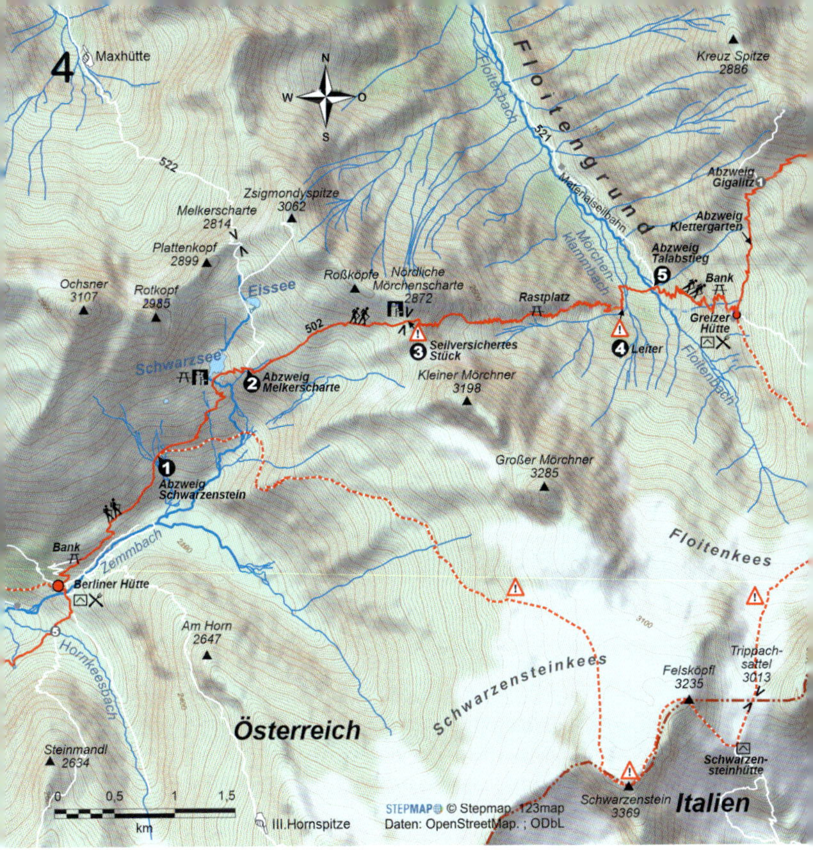

Schwarzensteinhütte, Frazione Lutago 10, 39030 Valle Aurina BZ, Italien, 00 39/(0)3 42/803 85 86, www.schwarzensteinhuette.com, info@schwarzensteinhuette.com, DZ/VBZ € 67, 6BZ € 63, Zimmer mit 10 Betten € 60 (alle Preise p. P. inkl. Halbpension), Zimmer: 50 Plätze, Winterraum vorhanden, Trockenraum vorhanden, Anfang März bis Ende April, Mitte Juni bis Mitte September (je nach Weg-/Wetterbedingungen), @

Nach einer Übernachtung verläuft der Abstieg (4,5 km, 4 Std. 30 Min., ↓ 900 Hm, ⇧ 2.227-3.021 m) bis zur Greizer Hütte über den Trippachsattel und quer über den Floitenkees. Vorsicht vor Steinschlag und Gletscherspalten ist geboten.

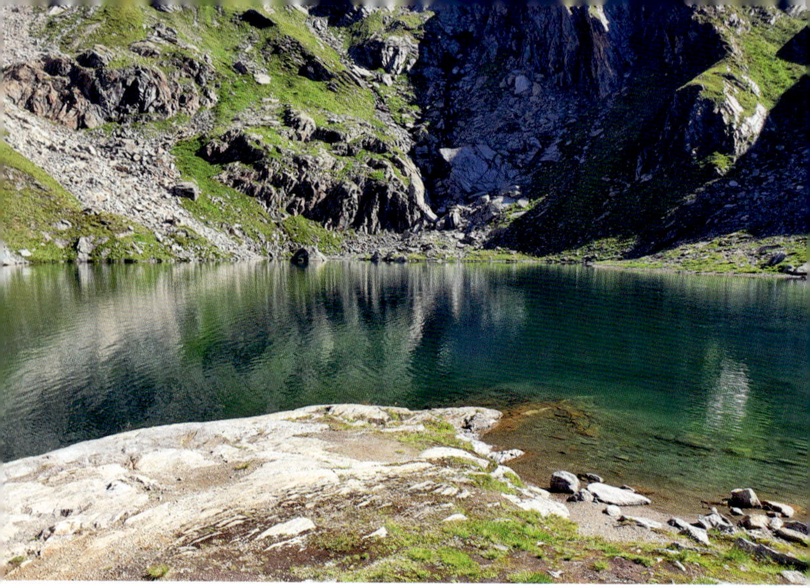

Schwarzsee

Das erste Ziel des Tages ist der Schwarzsee, der Sie nach 400 überwundenen Höhenmetern erwartet. Auf 2.472 m liegt der Bergsee am südwestlichen Fuß der Zsigmondyspitze. Aus seinem Abfluss, den Sie überqueren, wird der Zemmbach gespeist. Der See ist mit seinem unvergleichlichen Panoramablick und glasklaren Wasser aber nicht nur der perfekte Ort für eine Rast: Unerschrockene können sich im (sehr) kühlen Nass erfrischen und die müden Beine aufwecken. Das klappt bei dem eiskalten Gletscherwasser unter Garantie.

Der Berliner Höhenweg führt in nördlicher Richtung ein Stück über dem Ufer entlang, lässt den beeindruckenden Schwarzsee hinter sich und führt weiter in steilen Kehren bergauf. Oben angekommen gehen Sie am gelben Hinweisschild rechts weiter. ↳ Nach links führt ein Weg über die Melkerscharte ❷, die auf 2.814 m zwischen der Zsigmondyspitze und dem Plattenkopf liegt, in Richtung der 1823 erbauten ✕ Maxhütte (keine Übernachtung möglich) und bis hinunter nach Ginzling.

Dem Pfad nach Osten folgend weist schon bald ein weiteres Schild den Weg zur Greizer Hütte weiter nach rechts. Durch große bizarre Felsformationen verläuft der Weg bald etwas flacher und bis hinauf zur Nördlichen

Mörchenscharte auf 2.872 m, über die man die nördliche Flanke des Kleinen Mörchners überquert. Dieser ist mit 3.198 m zwar gar nicht so klein, wie der Name vermuten lässt, der große Bruder ist aber noch mal knapp 100 m höher und befindet sich etwas südlich.

☺ Der Name der Scharte kann für Verwirrung sorgen, denn die dazugehörigen Berge sind der Kleine und Große Mörchner. Auf fast jeder Karte und auf jedem Schild steht eine andere Bezeichnung, deswegen hier einmal die Erklärung: Es zählt die Bezeichnung auf der Karte des Alpenvereins und diese ist Nördliche Mörchenscharte.

Der Abstieg erfolgt über ein seilgesichertes Stück ❸, von dem aus man schon das Tagesziel, die Greizer Hütte, auf der anderen Bergseite sehen kann. Wer glaubt, dass jetzt der Weg fast geschafft ist, liegt allerdings falsch. Denn von der Scharte aus führt der Abstieg bis ganz hinunter in das Tal und auf der anderen Seite wieder hinauf.

Doch zuerst geht es von der Mörchenscharte aus auf einem der östlichen Ausläufer der Bergkette hinab und hinein in das Tal. Die Geröllfelder werden mehr und mehr von Wiesen und Blumen verdrängt und auch Murmeltierbauten sind wieder häufig zu entdecken. Nach 6,2 km und unzähligen Kehren befindet sich ein exzellenter Ort für eine weitere Rast, denn von hier aus können Sie nach links in den Floitengrund hineinblicken, durch den der Floitenbach bis hinunter nach Ginzling fließt. Er führt das Wasser vom ebenfalls gleichnamigen Floitenkees, welches sich über große Teile der Bergkette an der italienischen Grenze erstreckt. Von hier aus verläuft der Weg abwärts, rechts hinunter in die kleine Schlucht zwischen den Ausläufern und über ein seilgesichertes Stück bis hin zu einer Leiter ❹.

Leiter am Floitenbach

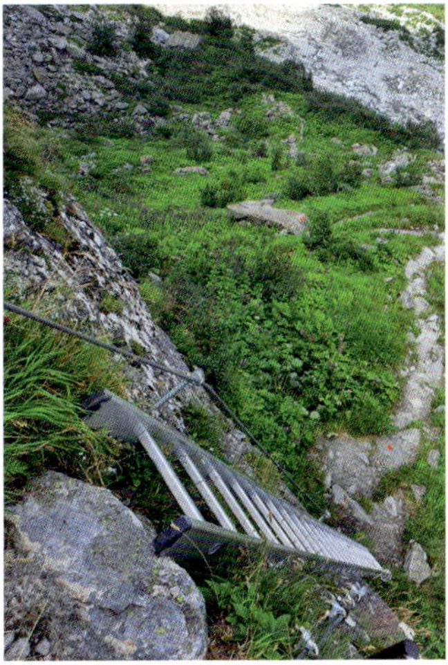

Beim Hinabsteigen ist ✋ Vorsicht geboten, denn nicht nur die Sprossen sind etwas rutschig, die Leiter schwingt auch mit. Die letzten der fast 1.000 abgestiegenen Höhenmeter führen bis zu den zwei Bachläufen, die sich hier zum Floitenbach vereinen. Beide können mithilfe der schmalen Holzbrücken sicher überquert werden.

Am zweiten Ufer angekommen biegen Sie rechts ab zum finalen Aufstieg zur Greizer Hütte. ↬ Nach links verläuft der Talabstieg am Bach entlang bis hinab nach Ginzling ❺.

Auf diesem Stück geht es noch mal über schmale Serpentinenpfade und kleine Brücken knapp 400 m in die Höhe auf einer Strecke von 1,8 km. Oben erwartet Sie die ⌂ ✕ Greizer Hütte und damit das Ende der Etappe.

⌂ ✕ Greizer Hütte, Floite 300, 6295 Ginzling, ☎ 00 43/(0)6 64/140 50 03, 💻 www.alpenverein.de (über die Hüttensuche), ✉ greizerhuette@aon.at, Matratzenlager € 12 (Nicht-Mitglieder € 22), MBZ € 18 (Nicht-Mitglieder € 28), DZ € 25 (Nicht-Mitglieder € 35), Zimmer: 20 Plätze, Matratzenlager: 58 Plätze, Winterraum vorhanden, Trockenraum vorhanden, 🚪 Anfang/Mitte Juni bis Anfang Oktober, @

Das Wort „unverfälscht“ beschreibt die Greizer Hütte wohl am besten. Im oberen Floitengrund liegt die gemütliche Schutzhütte am Westhang der Greizer Spitze und bietet eine rustikale, aber sehr herzliche Übernachtungsmöglichkeit für Wanderinnen und Wanderer und auch für Kletterbegeisterte (☞ Klettergarten Etappe 5). Besonders an dieser Hütte – und vielleicht nicht so rustikal wie das restliche Ambiente – ist die Bewirtung, denn hier wird die Küche rein vegetarisch betrieben. Der liebevoll gestaltete Außenbereich lockt mit der kleinen Sonnenterrasse, bunten Hängematten und den hauseigenen, frei herumlaufenden Ziegen. Praktisch: Draußen gibt es genug Wäscheleinen zum Trocknen oder Lüften jeglicher Wanderausrüstung. Wenn das nicht reicht, steht innen auch noch ein Trockenraum zur Verfügung.

☺ Gipfeltouren durch Gletscherfelder gibt es von hier aus zu den umliegenden 3.000ern. Zum Beispiel auf den Großen Löffler (➲ 7 km, ⌛ 4 Std., 🡅 1.194 m, ⇧ 2.227-3.378 m,). Auch die Westliche Floitenspitze und der Schwarzenstein können über Gletschertouren erklommen werden.

5. Etappe: Greizer Hütte – Kasseler Hütte

➲ *9,7 km,* ⌛ *5 Std. 30 Min.,* ↑ *787 m,* ↓ *828 m,* ⇧ *2.088-2.706 m*

0,0 km	⇧ 2.227 m	Greizer Hütte ⌂ ✕
0,6 km	⇧ 2.330 m	Abzweig Klettergarten
2,1 km	⇧ 2.701 m	Lapenscharte
4,7 km	⇧ 2.113 m	Steilwand Eisenklamm
8,8 km	⇧ 2.262 m	Hängebrücke
9,7 km	⇧ 2.177 m	Kasseler Hütte ⌂ ✕

Die fünfte Etappe führt am Abzweig des Klettergartens vorbei und hinauf bis zur Lapenscharte. Auf der anderen Seite geht es über Geröll und Grashänge in einer großen Kurve mit vielen flachen Passagen um das Talende. Hier warten einige knifflige Pfade auf Sie, die mit Seilen und Trittstufen gesichert sind. Zuletzt führt der Weg noch über eine Hängebrücke und bis hin zur Kasseler Hütte.

Felsvorsprung am Abgrund

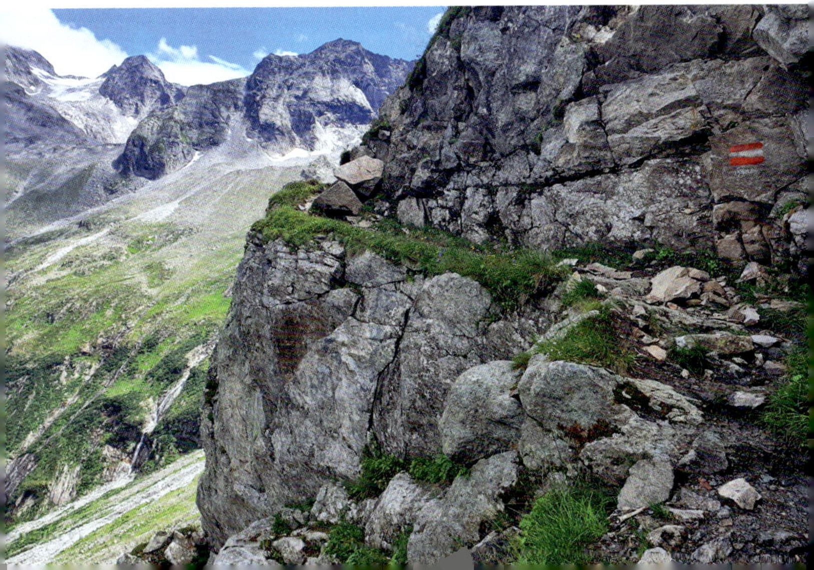

Zu Beginn einer der schönsten Etappen des Berliner Höhenweges starten Sie von der Greizer Hütte auf dem Weg Nr. 502 Richtung Norden und legen die ersten Meter auf flachem Terrain fast parallel zum Floitengrund zurück. Hier zweigt ein Pfad zum Klettergarten der Greizer Hütte nach rechts ab.

Im Klettergarten der Greizer Hütte locken vier verschiedene gesicherte Routen zwischen 15 m und 35 m Länge und mit verschiedenen Schwierigkeitsgraden Kletterbegeisterte an (mehr Informationen unter www.alpenverein-greiz.de über den Reiter „Hütten/Einrichtungen").

Der Weg beginnt nun langsam anzusteigen und ❶ gabelt sich: Links führt der Pfad zum Gigalitz und rechts führt der Berliner Höhenweg weiter bergan Richtung Lapenscharte. Diese erreichen Sie nach 2,1 km und nutzen damit den Übergang auf 2.701 m zwischen Gigalitz (3.001 m) zur Linken und Lapenspitze (2.996 m) zur Rechten, um den Floitengrund in östliche Richtung zu verlassen.

Von der Lapenscharte aus führt eine weitere Kletterroute über die Südostkante auf den Gigalitzturm (⇧ 2.978 m, 7 Seillängen, ca. 280 m, Schwierigkeit 4+/5- UIAA).

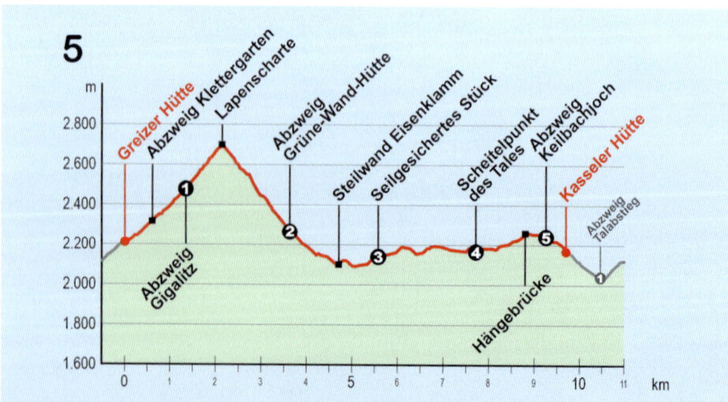

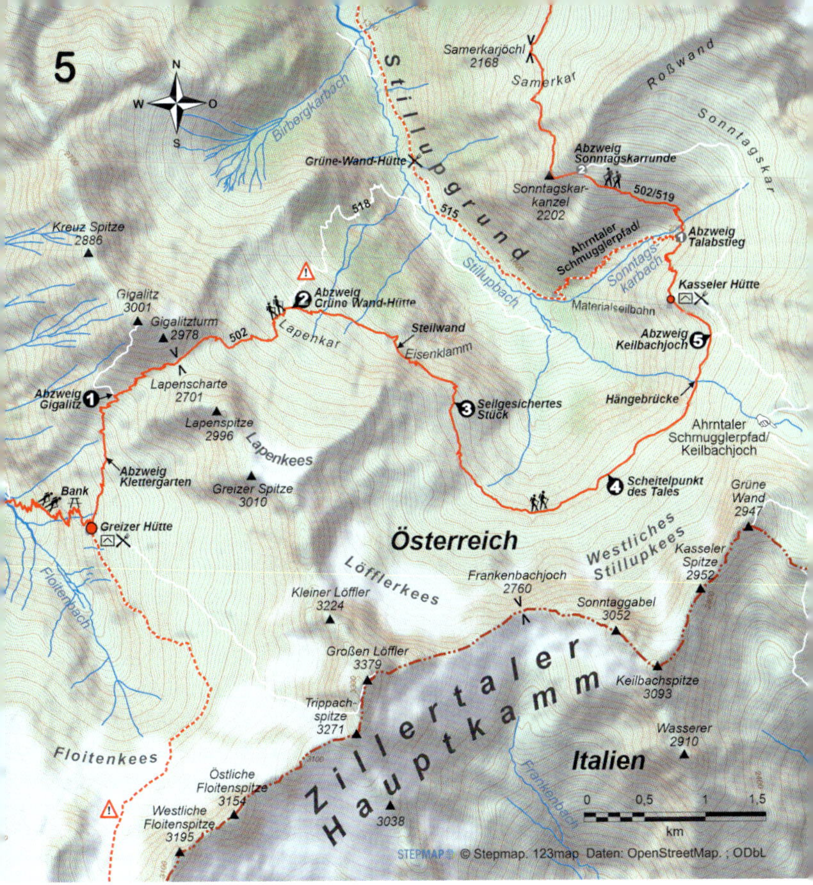

Auf der anderen Seite geht es hinunter, zuerst linksseitig an der Bergwand und schon bald quer über das weitläufige Geröllfeld des Lapenkars. Dieses ist durch das Lapenkees entstanden, welches nur noch mit einigen letzten kleinen Eisfeldern an der Nordseite der Greizer Spitze und östlich der Lapenspitze vorhanden ist. Der Wanderweg führt nicht wie am Vortag einmal bis in das Tal des Stillupgrunds hinab und dann auf der Gegenseite wieder hinauf, sondern folgt in einem weiten Bogen nach rechts dem Talschluss, um so mit nur wenig Steigung zur Kasseler Hütte zu gelangen.

Zuerst geht es allerdings noch ein paar Höhenmeter bergab und es zweigt der Talabstieg Richtung bewirtschafteter Grüne-Wand-Hütte nach links ab ❷, die sich im wildromantischen Stillupgrund befindet und vor allem bei Mountainbikerinnen und Mountainbikern sehr beliebt ist.

Hängebrücke mit Kasseler Hütte im Hintergrund

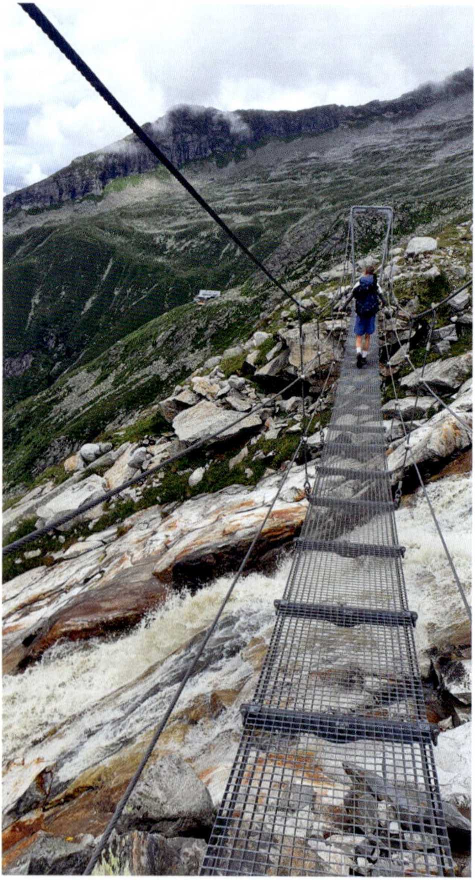

☝ Dieser Talabstieg ist auf unbestimmte Zeit nicht nutzbar. Er wurde ursprünglich für die Almbewirtschafterinnen und Almbewirtschafter angelegt, damit diese die höher gelegenen Areale mit ihren Tieren erreichen konnten. Aber durch Witterungseinflüsse und zahlreiche Geröllabgänge kann er aktuell weder begangen noch wiederhergestellt werden (Stand März 2023). Um zur Grüne-Wand-Hütte zu gelangen, kann der Talabstieg von der Kasseler Hütte genutzt werden (☞ 6. Etappe).

Der Weg beginnt sich um den Talschluss zu schmiegen und verläuft über einige seilversicherte

Stücke, spektakuläre Geröllfelder und tosende Wasserfälle. Ein besonderer Übergang liegt an den Steilwänden der Eisenklamm, denn hier verläuft der Pfad direkt am seilgesicherten Felsen entlang ❸ und fordert hierbei nicht nur Trittfestigkeit, sondern auch eine gewisse Portion Mut. Sie folgen weiter den rot-weißen Markierungen durch mehrere Abflüsse und nutzen dabei die angebrachten Seile.

Am Scheitelpunkt des Tales ❹ türmen sich nach rechts das Frankenbachjoch (2.760 m), die Kasseler Spitze (2.952 m) und die Grüne Wand (2.947 m) auf und markieren damit die österreichisch-italienische Grenze. Bei guter Sicht reicht der Blick nach links bis zum Stillupspeicher, der wie der Schlegeispeicher zur Energiegewinnung für das Zillertal genutzt wird.

Über einen besonders rauschenden Abfluss der hoch liegenden Gletscher verläuft eine Hängebrücke, gefolgt von Kunstinstallationen der Porta Alpina.

Nahe der italienischen Grenze befindet sich die Kunstinstallation Porta Alpina am Berliner Höhenweg. Sie soll nicht nur die Ländergrenzen deutlich machen, sondern vor allem den Übergang in andere Welten illustrieren.

Über 30 dieser Werke vom Künstler Günter Rauch sind seit 2009 in der Alpenregion der Länder Österreich, Deutschland, Italien und der Schweiz errichtet worden.

Ein Stück nach der Hängebrücke erreicht der Weg einen Abzweig ❺, an dem Sie weiter geradeaus gehen. ↳ Nach rechts geht es von hier aus über das Keilbachjoch direkt nach Südtirol oder zum Aufstieg zur Grünen Wand. Sie erreichen die Rückseite der ⌂ ✕ Kasseler Hütte, deren Eingang sich auf der gegenüberliegenden Hausseite befindet.

⌂ ✕ Kasseler Hütte, Stillup 970, 6290 Mayrhofen, ☏ 00 43/(0)6 64/401 60 33, 💻 www.kasselerhuette.de, ✉ wirt@kasselerhuette.tirol, Matratzenlager € 14 (Nicht-Mitglieder € 26), MBZ € 23 (Nicht-Mitglieder € 35), Zimmer: 22 Plätze, Matratzenlager: 74 Plätze, Winterraum vorhanden, Trockenraum vorhanden, 🚪 Mitte Juni bis Anfang Oktober, @ 🚿

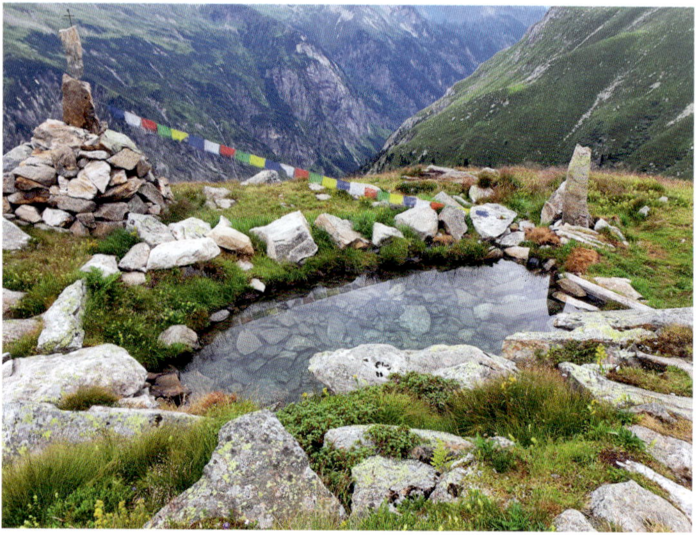

Schwimmteich an der Kasseler Hütte

Die vorletzte Hütte des Berliner Höhenweges liegt im oberen Stilluptal und blickt auf nunmehr ein Jahrhundert voller Wanderbegeisterter zurück. Auch aktuell im Umbau und in der Erweiterung befindlich, zeigt sich die Hütte trotzdem von ihrer besten Seite und erwartet mit einer Panoramaterrasse und einem eiskalten Schwimmteich Besucherinnen und Besucher der Zillertaler Alpen. ☺ Ein besonderes Highlight ist hier die Kaiserschmarrnauswahl – von Natur über Blaubeere bis Schoko –, die man sich nicht entgehen lassen sollte. Neben den Schleckermäulern kommen auch Kletterbegeisterte hier voll auf ihre Kosten: Hinter der Hütte wurde vom Bergführer Peter Habeler ein Klettergarten angelegt.

An der Kasseler Hütte kreuzen außerdem der Berliner Höhenweg und der Ahrntaler Schmugglerpfad. Dieser 80 km lange und in 5 Tagesetappen aufgeteilte Rundweg verläuft von Mayrhofen über das Keilbachjoch in das Südtiroler Ahrntal und zurück über das Heiliggeistjöchl. Die Grenzüberquerung gab der Route auch ihren Namen, denn wo heute Wanderinnen und Wanderer unterwegs sind, wurden früher allerlei Waren und sogar Nutztiere über die Berge zwischen Italien und Österreich geschmuggelt.

6. Etappe: Kasseler Hütte – Karl-von-Edel-Hütte

12,7 km, 8 Std. 30 Min., ↑ 876 m, ↓ 795 m, ⇧ 2.035-2.493 m

0,0 km	⇧ 2.177 m	Kasseler Hütte
2,3 km	⇧ 2.217 m	Sonntagskarkanzel
3,5 km	⇧ 2.186 m	Samerkarjöchl
4,7 km	⇧ 2.147 m	Weißkarjöchl
6,0 km	⇧ 2.300 m	Nofertensmauer
7,4 km	⇧ 2.392 m	Sammerschartl
8,8 km	⇧ 2.439 m	Krumschnabelscharte
11,7 km	⇧ 2.452 m	Popbergnieder
12,7 km	⇧ 2.238 m	Karl-von-Edel-Hütte

Auf der sechsten und damit letzten Etappe des Berliner Höhenweges, die auch als Aschaffenburger Höhenweg (Nr. 519) oder ehemals Siebenschneidensteig bezeichnet wird, folgen Sie spektakulären Übergangsrouten mit tollen Ausblicken. Der letzte Name lässt dabei am besten erahnen, was die Wanderinnen und Wanderer auf ihrem Weg zur Karl-von-Edel-Hütte erwartet, denn er kreuzt auf seinen 12,7 km insgesamt sieben Grate.

Besonders bei Nässe kann der letzte Teil des Fernwanderweges schnell unbegehbar werden. Grund dafür ist die Wegbeschaffenheit, denn große Teile führen über Geröllfelder, die von Moosen bedeckt sind und bei Feuchtigkeit extrem rutschig werden. Bei schwierigen Wetterverhältnissen informieren die Wirtinnen und Wirte der beiden angrenzenden Hütten die Gäste am Abend vorher meist über die Wegsituation. Nachfragen ist hier aber auch sehr erwünscht, denn alle sollen sicher an ihr Ziel kommen.

Falls der Weg nicht begehbar ist, führt die Alternativroute hinab ins Tal bis zur Talstation der Materialseilbahn und weiter zur Grüne-Wand-Hütte.

Grüne-Wand-Hütte, Stillup 966, 6290 Mayrhofen, ☏ 00 43/(0)6 64/105 14 04, gruenewandhuette@a1.net, Mitte Mai bis Mitte Oktober, dienstagsabends Live-Hausmusik

Von dort geht es entweder zu Fuß oder mit dem Taxi (Taxi Kröll, ☏ 00 43/(0) 528/56 22 60, 💻 www.taxikroell.com) weiter, vorbei am Stilluphaus und später am Wirtshaus Wasserfall am Ufer des Stillupspeichers. Am Ende des Sees zweigt der Aufstieg zur Krötzelbergalm nach rechts ab. Über diese gelangen Sie zur Filzenalm, die auch in der Wintersaison durch die anliegenden Skilifte gut besucht ist. Weiter nach rechts, an der Panoramaplattform Stilluptal und dem kleinen Ahornsee vorbei, geht es auf die andere Seite des Filzenkogels, wo die Karl-von-Edel-Hütte noch ein Stück entfernt liegt (➲ 17,2 km, ⌛ 8 Std., ⇧ 1.113-2.237 m).

Die Abschlussetappe startet vom Haupteingang der Kasseler Hütte aus. Sie gehen am kleinen Schwimmteich vorbei auf den Hüttenabstieg. Von diesem zweigt nach 760 m der Aschaffenburger Höhenweg ❶, welchem Sie folgen, nach rechts ab und führt über eine Brücke über den Sonntagskarbach. Es folgt ein erster kurzer Anstieg. Dann gehen Sie weiter auf flacherem Terrain am Fuß des Sonntagskars und am Abzweig der Sonntagskarrunde vorbei ❷. ➯ Diese führt nach rechts bergauf auf einem Panoramaweg zurück zur Kasseler Hütte.

Der Berliner Höhenweg hält sich geradeaus bis zur kurz dahinter gelegenen Sonntagskarkanzel, dem ersten der sieben Übergänge. Sie liegt am Ende der Roßwand, die von der Roßwandspitze auf 3.157 m nach Südwesten hin abfällt.

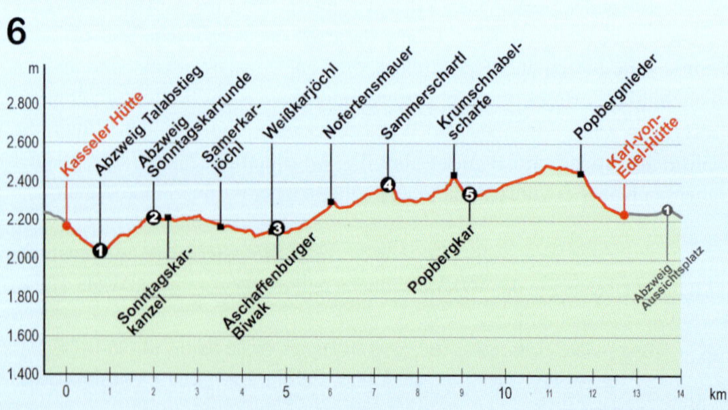

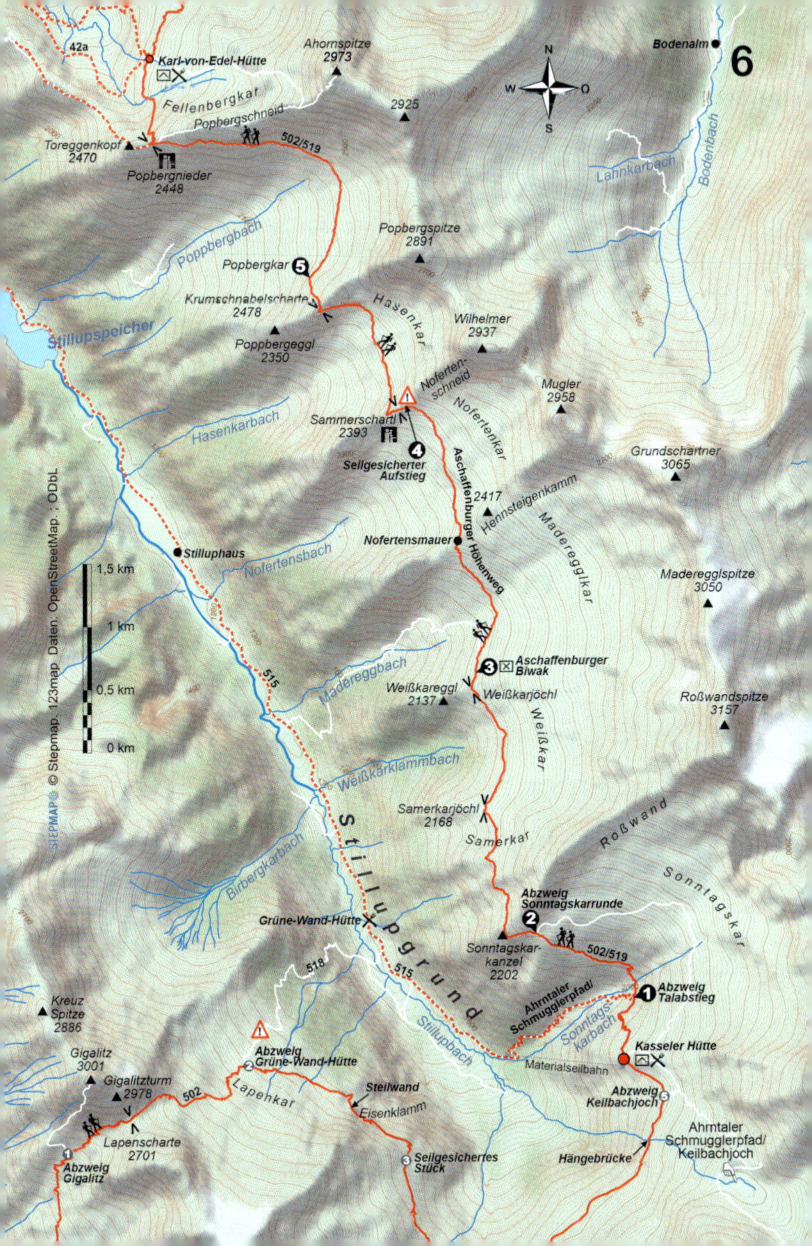
6
Bodenalm
Karl-von-Edel-Hütte
42a
Ahornspitze
2973
Fellenbergkar
Popbergschneid
2925
N
W
O
S
Toreggenkopf
2470
502/519
Popbergnieder
2448
Lahnkarbach
Bodenbach
Poppbergbach
Popbergspitze
2891
Popbergkar
5
Krumschnabelscharte
2478
Hasenkar
Wilhelmer
2937
Poppbergeggl
2350
Stillupspeicher
Nofertenschneid
Mugler
2958
Sammerschartl
2393
Nofertenkar
Hasenkarbach
4
Seilgesicherter Aufstieg
Aschaffenburger Höhenweg
Grundschartner
3065
2417
Hennsteigenkamm
Maderegglkar
Nofertensmauer
Stilluphaus
Nofertensbach
1,5 km
1 km
0,5 km
0 km
© Stepmap, 123map Daten: OpenStreetMap, ODbL
STEPMAP
Maderegglspitze
3050
515
Madereggbach
3
Aschaffenburger Biwak
Weißkareggl
2137
Weißkarjöchl
Roßwandspitze
3157
Weißkar
Weißkarklammbach
Stillupgrund
Samerkarjöchl
2168
Samerkar
Roßwand
Birbergkarbach
Sonntagskar
Abzweig Sonntagskarrunde
2
Grüne-Wand-Hütte
Sonntagskarkanzel
2202
502/519
518
515
Ahrntaler Schmugglerpfad/
1
Abzweig Talabstieg
Kreuz Spitze
2886
Sonntagskarbach
Stillupbach
Abzweig Grüne-Wand-Hütte
2
Kasseler Hütte
Gigalitz
3001
Materialseilbahn
Gigalitzturm
2978
Lapenkar
Steilwand
Eisenklamm
502
Abzweig Keilbachjoch
5
Lapenscharte
2701
Ahrntaler Schmugglerpfad/ Keilbachjoch
1
Abzweig Gigalitz
3
Seilgesichertes Stück
Hängebrücke

Hier verläuft die Etappe zum Großteil über Blockwerk der vielen unterschiedlichen Kare. Von der Sonntagskarkanzel geht es abwärts zum Samerkar und durch das Weißkar. Dazwischen liegt das Samerkarjöchl, der nächste Übergang. Am Ende des Weißkars wartet Scharte Nummer drei, das Weißkarjöchl, von welchem man nach Westen auf den Weißkareggl (2.137 m) blickt. Nur ein paar Meter weiter liegt das Aschaffenburger Biwak ❸.

☒ Das Aschaffenburger Biwak ist eine Notunterkunft auf dem Weg von der Kasseler Hütte zur Karl-von-Edel-Hütte, die ausschließlich für alpine Notfälle gedacht ist. Dank einer Fotovoltaikanlage ist Licht vorhanden, allerdings kein fließendes Wasser. Es gibt zudem einen Holzofen, Geschirr und Töpfe.

♦ Aschaffenburger Biwak, dav-aschaffenburg@t-online.de,
je nach Witterung, Mitte Juli bis Mitte Oktober

Durch das Madereggikar wandern Sie bergauf zur Nofertensmauer, welche als Viehmauer gebaut wurde und auf dem Übergang über den Hennsteigenkamm liegt.

Weg über Blockwerk

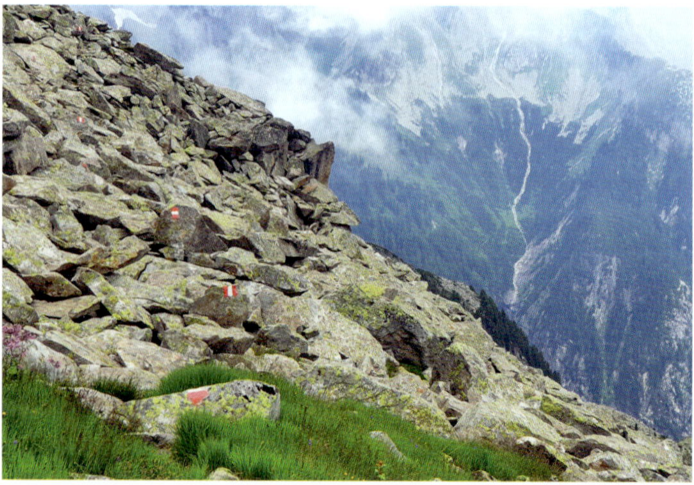

Das folgende Stück geht stetig bergan durch das Nofertenkar am Fuß des Muglers (2.958 m). Übergang Nummer vier führt besonders spektakulär nach einem seilgesicherten Stück ❹ über Grasstufen hinauf auf das Sammerschartl auf ⇧ 2.393 m, über die westliche Flanke des Wilhelmers (2.937 m).

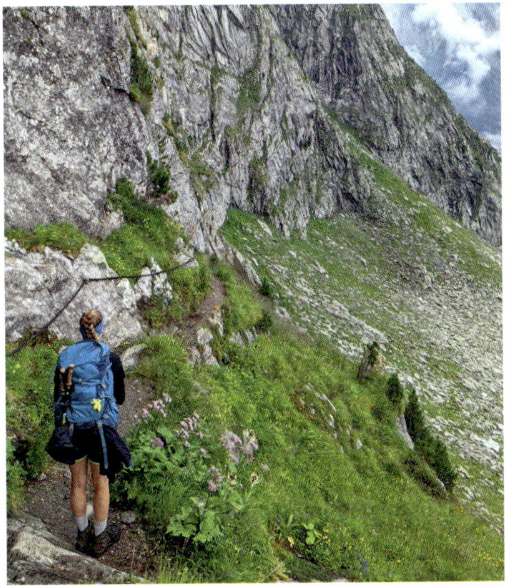

Abstieg vom Sammerschartl

☝ Dieser Übergang ist dem Wetter extrem ausgesetzt und stets mit Vorsicht zu begehen.

Zwischen den spitzen Felsaufbauten hindurch geht es auf der anderen Seite ebenfalls seilgesichert und auf Trittklammern bergab bis in das Hasenkar. Auf einem weiteren seilgesicherten Stück führt der Weg bergauf zur Krummschnabelscharte auf ⇧ 2.439 m. Diese überquert den Bergkamm zwischen Popbergspitze und Popbergeggl.

Der Weg neigt sich seinem Ende zu, durchquert das vorletzte Geröllfeld des Berliner Höhenweges, das Popbergkar ❺, und führt anschließend durch eine Wiesenlandschaft parallel zur Popbergschneid bis hinauf zum letzten Übergang. Das Popbergnieder, kurz vor dem Toreggenkopf, bildet den alpinen Abschluss der Tour.

Mit einem finalen imposanten Blick von den Bergspitzen geht es abwärts durch das Fellenbergkar zur Karl-von-Edel-Hütte, die am westlichen Abhang der Ahornspitze liegt. Nach dem steilen Geröllstück und den umliegenden Weiden ist die Hütte und damit auch das Ziel des Berliner Höhenweges nach sechs Etappen und 85 erwanderten Kilometern erreicht.

Karl-von-Edel-Hütte, Ahornstraße 873 e, 6290 Mayrhofen (Anschrift der Pächter), 00 43/(0)6 64/915 48 51, www.edelhuette-dav.de, info@apart-schneeberger.at, Matratzenlager € 15 (Nicht-Mitglieder € 27), MBZ € 25 (Nicht-Mitglieder € 37), DZ + € 11 Aufpreis, Zimmer: 20 Plätze, Matratzenlager: 60 Plätze, Trockenraum vorhanden, Anfang Juni bis Mitte Oktober, @, Kaltwasserdusche

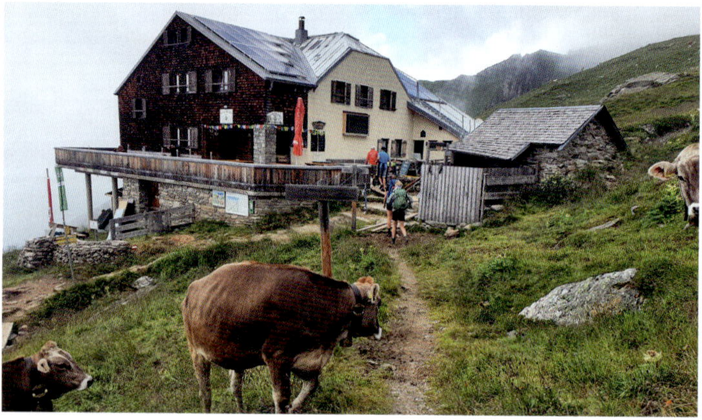

Karl-von-Edel-Hütte

Die Karl-von-Edel-Hütte bietet zum Abschied nochmal alles, was man sich von ihr wünschen kann: eine wunderschöne Sonnenterrasse mit weitem Blick, die urige Gaststube mit herzlicher Bewirtung und grasgrüne Kuhweiden bis zur Eingangstür.

Benannt wurde die letzte Schutzhütte auf dem Berliner Höhenweg nach dem Gründungsvorsitzenden der Sektion Würzburg, der die Hütte angehört. Sie befindet sich im Fellenbergkar und bringt die Wanderinnen und Wanderer des Fernwanderweges langsam wieder zurück zur Zivilisation mit Blick auf die Ahornspitze, Mayrhofen im Tal und eins der beliebten Skigebiete der Zillertaler Alpen linksseitig am Berg. Die nahe gelegene Filzenalm mit mehreren Pisten ist auch im Winter mit der Ahornbahn vom Tal aus erreichbar und das Gebiet lädt neben dem Skisport auch zu malerischen Schneeschuhwanderungen ein. Die Karl-von-Edel-Hütte selbst ist in den Wintermonaten nicht geöffnet.

Abstieg: Karl-von-Edel-Hütte – Mayrhofen

10,6 km, 3 Std. 45 Min., 83 m, 1.688 m, 642-2.269 m

0,0 km	2.238 m	Karl-von-Edel-Hütte
1,0 km	2.269 m	Aussichtsplatz Glatzer
4,0 km	1.582 m	Ahornach Alm
5,9 km	1.399 m	Alpengasthaus Alpenrose
10,6 km	630 m	Mayrhofen BANK P

Dem alpinen Fernwanderweg in hochalpinem Gelände folgt der Abstieg in das Tal bis Mayrhofen, entweder zu Fuß über die Ahornach Alm und das Alpengasthaus Alpenrose oder mit der Ahornbahn.

Abstieg zur Ahornbahn

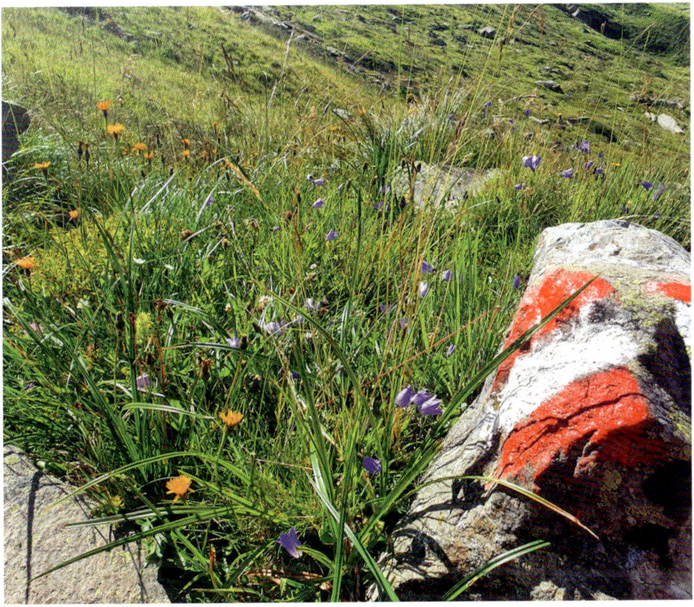

Weg zur Ahornbahn (3 km ca. 1 Std.): Wenn Sie die letzten Meter bergab in der größten Pendelbahn Österreichs bestreiten möchten, führt Sie der Weg 42a von der Terrasse der Karl-von-Edel-Hütte einmal quer über den Grashang im weiten Bogen bergab. Nach der Umrundung des Filzenkogels gelangen Sie zur Bergstation der Ahornbahn, die Sie bis nach Mayrhofen bringt.

♦ Ahornbahn, Talstation: Ahornstraße 853, 6290 Mayrhofen, ☎ 00 43/(0)52 85/622 77, www.mayrhofen.at, info@mayrhofner-bergbahnen.com, Mitte Juni bis Ende Oktober (Sommerbetrieb), täglich 7:30-17:00 im 15-Minuten-Takt, 17,80 € für Talfahrt

☺ Auf der Adlerbühne haben Besucherinnen und Besucher die Möglichkeit, Vorführungen mit spektakulären Flugmanövern verschiedener Greifvögel anzusehen. Und das auf der höchsten Greifvogelstation Europas, die sich hier auf dem Ahornplateau befindet.

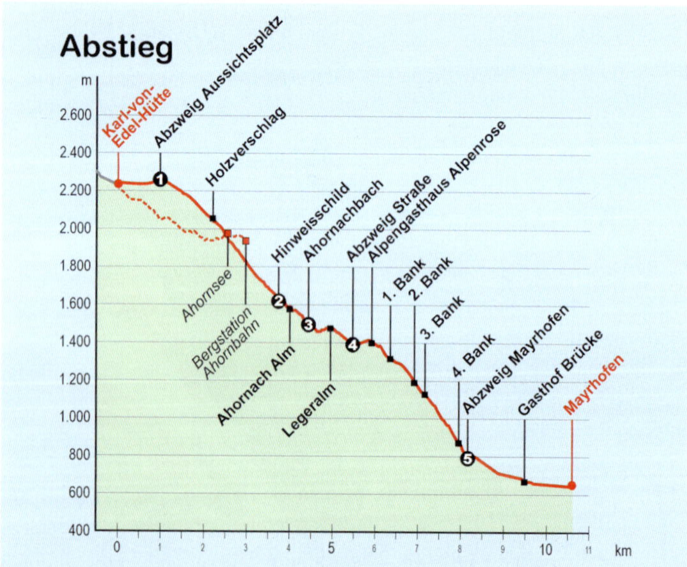

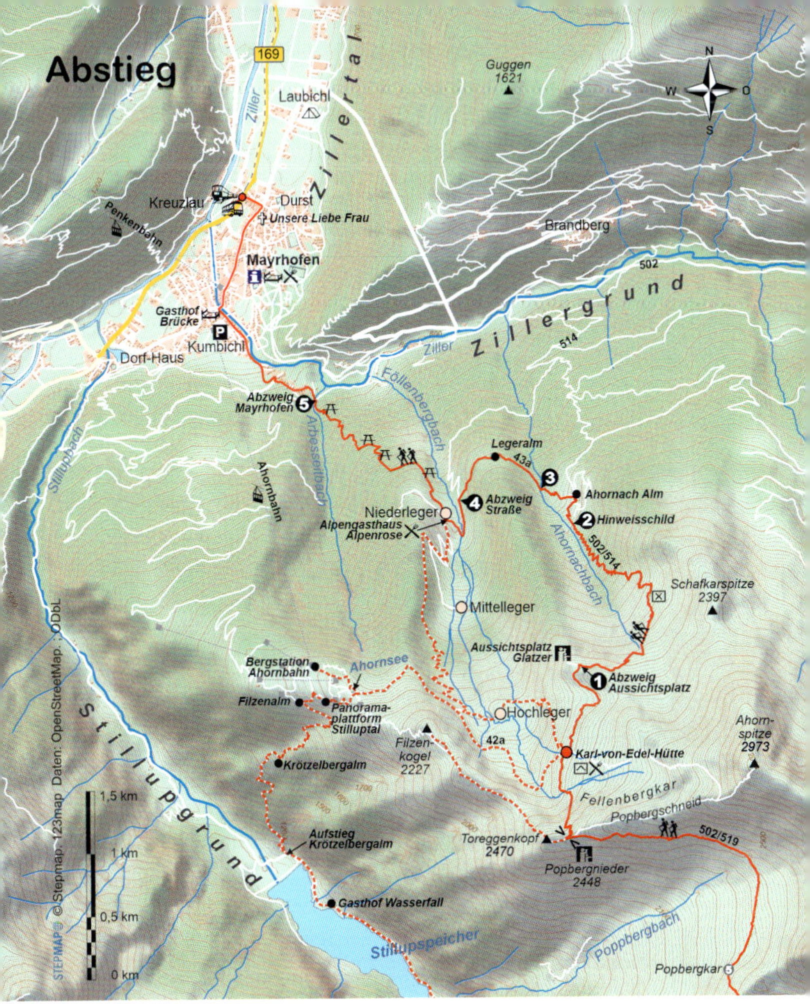

↬ Eine Möglichkeit für den Abstieg verläuft steil unter der Karl-von-Edel-Hütte abwärts über den Hochleger und ab da durch den Wald bis zum Alpengasthaus Alpenrose. Er ist zwar der kürzere Weg, aber der kleine Umweg über die Ahornach Alm lohnt sich, da er weniger steil und durch seine offene Hanglage um einiges idyllischer ist.

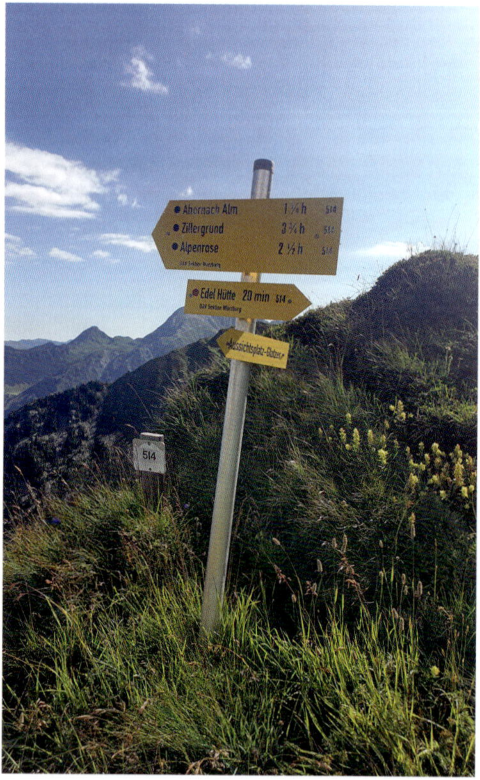

Abzweig zum Aussichtsplatz Glatzer

Der Fußwege von der Hütte ins Tal verläuft von der Terrasse aus nach links am Hühnerstall entlang in Richtung Ahornach Alm. Die ersten Meter führt der Pfad parallel zum Hang bis zu einem Wegweiser ❶. Hier geht es nach links zum Aussichtsplatz Glatzer, der auf dem nordwestlichen Ausläufer der Ahornspitze liegt und einen sagenhaften Blick über Mayrhofen und das umliegende Zillertal bietet. Am Hinweisschild rechts hinunter bringt Sie der Steig auf saftig grüne Wiesen und schon bald auch an die Baumgrenze. Rechts neben dem Ahornachbach führt Sie der Weg an einem Holzverschlag vorbei bis zu den Weideflächen oberhalb der Ahornach Alm. Entweder gehen Sie direkt bergab oder die knieschonende Variante mit einigen Kehren rechts gelegen bis zum Hinweisschild ❷.

Der Weg führt hier oft über oder neben Kuhweiden und kann daher teilweise abweichen. Nicht nur durch geänderte Wegführung, sondern zum Teil auch durch im Weg stehende Weidetiere. Es empfiehlt sich, diese zu umgehen.

Zwischen den Häusern der Alm biegen Sie links ab Richtung Alpenrose und legen ein paar weitere Meter auf dem Weideland zurück, bis der Weg über einen Zaun in den Wald hinein und über den Ahornachbach führt ❸. Durch die moosigen und hier noch größtenteils naturbelassenen Baumreihen gehen Sie an der Legeralm vorbei bis Sie die Straße Zillergrund erreichen ❹. Wenn Sie noch ein paar Meter der Straße bergauf nach links folgen, erreichen Sie das Alpengasthaus Alpenrose.

✕ Alpengasthaus Alpenrose, Zillergrund 915, 6290 Mayrhofen,
☏ 00 43/(0)6 64/507 72 07, ✉ platzi65@gmx.at,
Mai bis Oktober täglich 8:00-18:00

Am Alpengasthaus gehen Sie rechts unter der Terrasse vorbei und über grüne Wiesen bis zur Waldgrenze. Über einen breiteren Wanderweg in zahlreichen Kehren durch den Wald führt der letzte Abschnitt bergab an vier Bänken vorbei und bis zur Brücke über den Arbesseitbach. Hier endet der Wanderweg und geht über in eine Straße Richtung Mayrhofen ❺.

Grashänge auf dem Weg zur Ahornach Alm

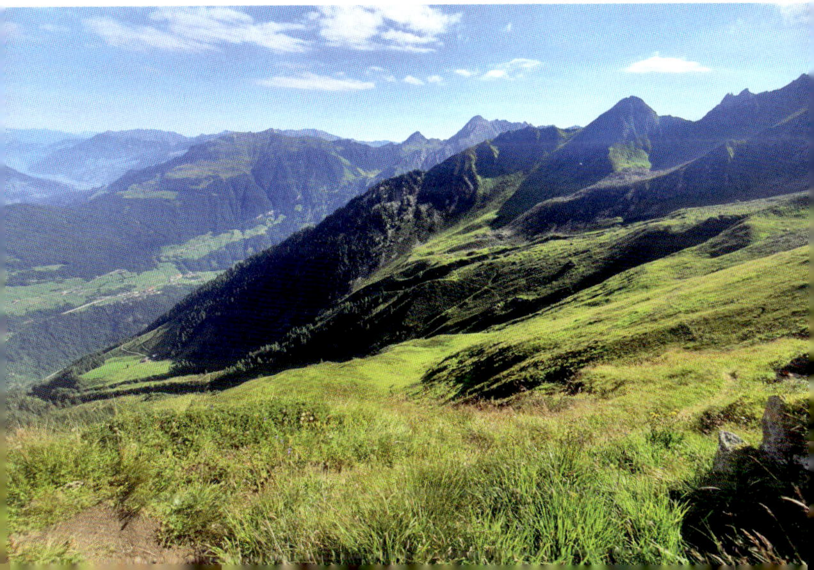

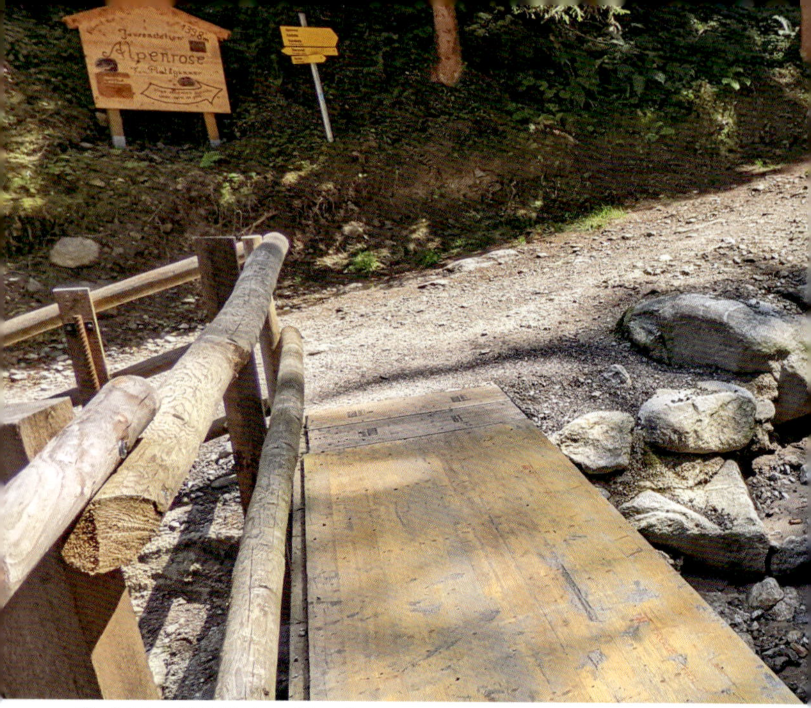

Ein letztes Mal frisches Gletscherwasser

Wenn Sie zum Bahnhof möchten, folgen Sie der Straße immer weiter bergab bis zum Gasthof Brücke. Sie biegen rechts ab, überqueren die Brücke und folgen der Straße weiter durch den Stadtkern von Mayrhofen. Wenn Sie an der Kirche Unsere Liebe Frau vorbei und bei der nächsten Möglichkeit nach links gehen, steuern Sie direkt auf den Bahnhof Mayrhofen zu.

Falls Ihr Auto in Finkenberg steht, fährt vom Bahnhof auch stündlich der Bus 4104 Richtung Tux/Hintertux Gletscherbahn bis nach Finkenberg. Alternativ folgen Sie der Zillertal Straße nach Süden für 1 km, überqueren den Fluss rechts und folgen der Straße Kohlstatt. Nach 750 m mündet diese in die Hauptstraße, die hinauf nach Finkenberg führt. Dieser folgen Sie weitere 1,8 km und gelangen so wieder an den Ausgangsort an der Finkenberger Teufelsbrücke.

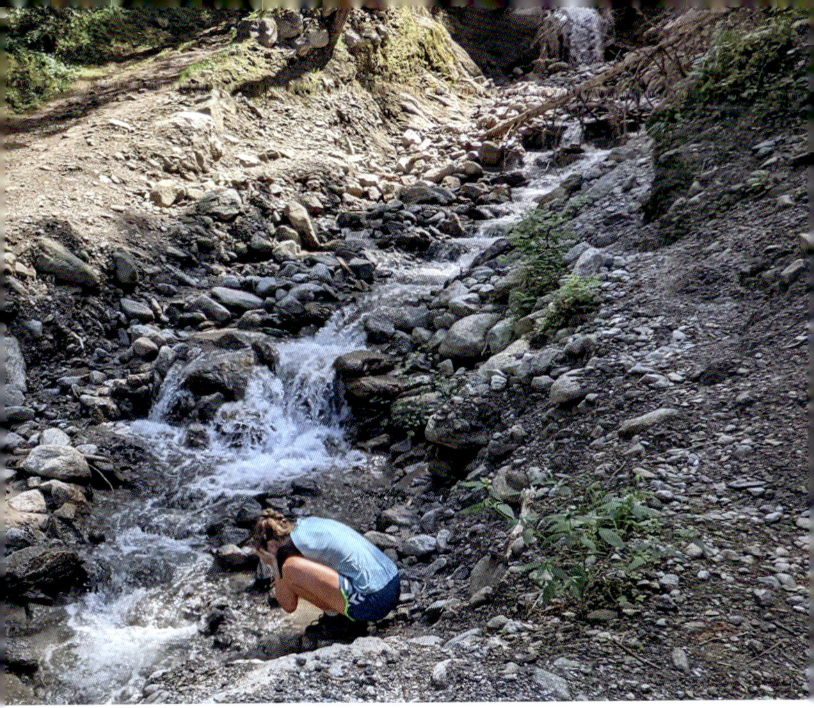

Mayrhofen

Tourismusverband Mayrhofen, Durster Straße 225, 6290 Mayrhofen, 00 43/(0)52 85/67 60, www.mayrhofen.at, info@mayrhofen.at, Mo-Fr 8:00-17:00, Sa 8:00-12:00

Hotel Der Siegeler, Durster Straße 226, 6290 Mayrhofen, 00 43/(0)6 64/341 04 23, www.hotel-siegelerhof.at, info@hotel-siegelerhof.at, DZ ab 59 € p. P. (inkl. Frühstück), Bar: Mi-So 16:00-0:00

Das Cityhouse, Hauptstraße 448, 6290 Mayrhofen, 00 43/(0)6 64/99 94 31 11, www.dascityhouse.at, info@oftang.at, DZ € 67 p. Z., EZ € 40 (beide inkl. Frühstück), Gepäck kann während Wandertouren kostenlos abgestellt werden, P € 10 pro Tag

Campingplatz Mayrhofen, Laubichl 125, 6290 Mayrhofen, 00 43/(0)6 64/88 51 88 66, www.campingplatz-tirol.at, info@campingplatz-tirol.at, Preise je nach Saison (Juli bis August: Stellplatzgebühr € 10,50 + € 9,50 für Erwachsene), ganzjährig geöffnet

Goldkind, Hauptstraße 449, 6290 Mayrhofen, 00 43/(0)6 64/452 90 90, info.goldkind@gmail.com, im Sommer Di-Sa 10:00-22:00 (unbedingt Tisch reservieren)

♦ La Vita, Durster Straße 248, 6290 Mayrhofen, 00 43/(0)52 85/621 19, www.pramstraller.at, info@pramstraller.at, Mo, Mi, Do 17:00-21:00, Fr-So 11:30-13:30 und 17:00-21:00, Dienstag Ruhetag

Brück´n Stadl, Ahornstraße 850, 6290 Mayrhofen, 00 43/(0)52 85/622 32, www.gasthof-bruecke.com, täglich 18:00-2:00, Livemusik und Aprés-Ski-Partys

Erlebnisbad Mayrhofen mit Erlebnishallenbad und Saunawelt, Waldbadstraße 539, 6290 Mayrhofen, 00 43/(0)52 85/625 59-0, www.mayrhofen.at, Tageskarte Hallenbad + Sauna € 24, täglich 9:30-21:00

Sportclinic Zillertal, Stillupklamm 830, 6290 Mayrhofen, 00 43/(0)52 85/84 85, www.sportclinic.at, office@sportclinic.at, Mo-Fr 9:00-18:00, Sa/So/Feiertag 10:00-18:00

♦ Praxisgemeinschaft Mayrhofen, Hauptstraße 435, 6290 Mayrhofen, 00 43/(0)52 85/631 24, www.praxis-mayrhofen.at, ordi@praxis-mayrhofen.at

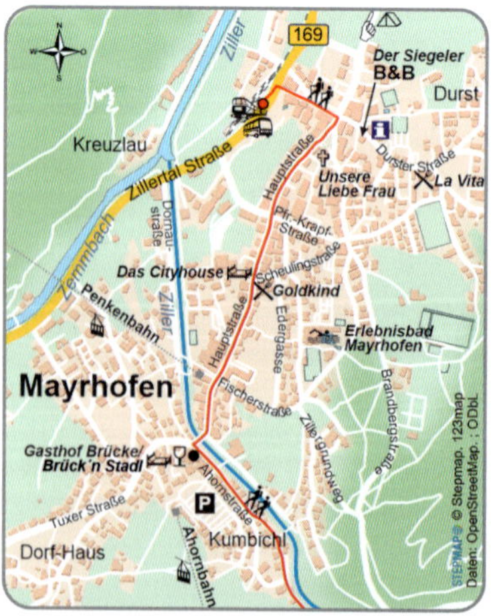

Als flächenmäßig viertgrößte Gemeinde Tirols liegt Mayrhofen im hinteren Zillertal an der Mündungsstelle der Quelltäler oder auch „Gründe“ des Zillertals.

Mayrhofen selbst ist besonders als Paradies für Skifahrerinnen und Skifahrer bekannt und lockt jährlich in den Wintermonaten zahlreiche Besucherinnen und Besucher nach Österreich.

Neben der ✞ Pfarrkirche Unsere Liebe Frau, die auf das 14. Jahrhundert zurückgeht, befindet sich in Mayrhofen auch noch die Talstation der Ahornbahn. Mit bis zu 160 Gästen in der Kabine ist sie die größte Pendelbahn Österreichs und kann pro Stunde bis zu 1.200 Gäste auf das Plateau unterhalb der Ahornspitze und des Filzenkogels befördern.

www.mayrhofen.at

Tegernsee – Sterzing von Ulrike Gaube, Conrad Stein Verlag, ISBN 978-3-86686-680-5, € 10,90

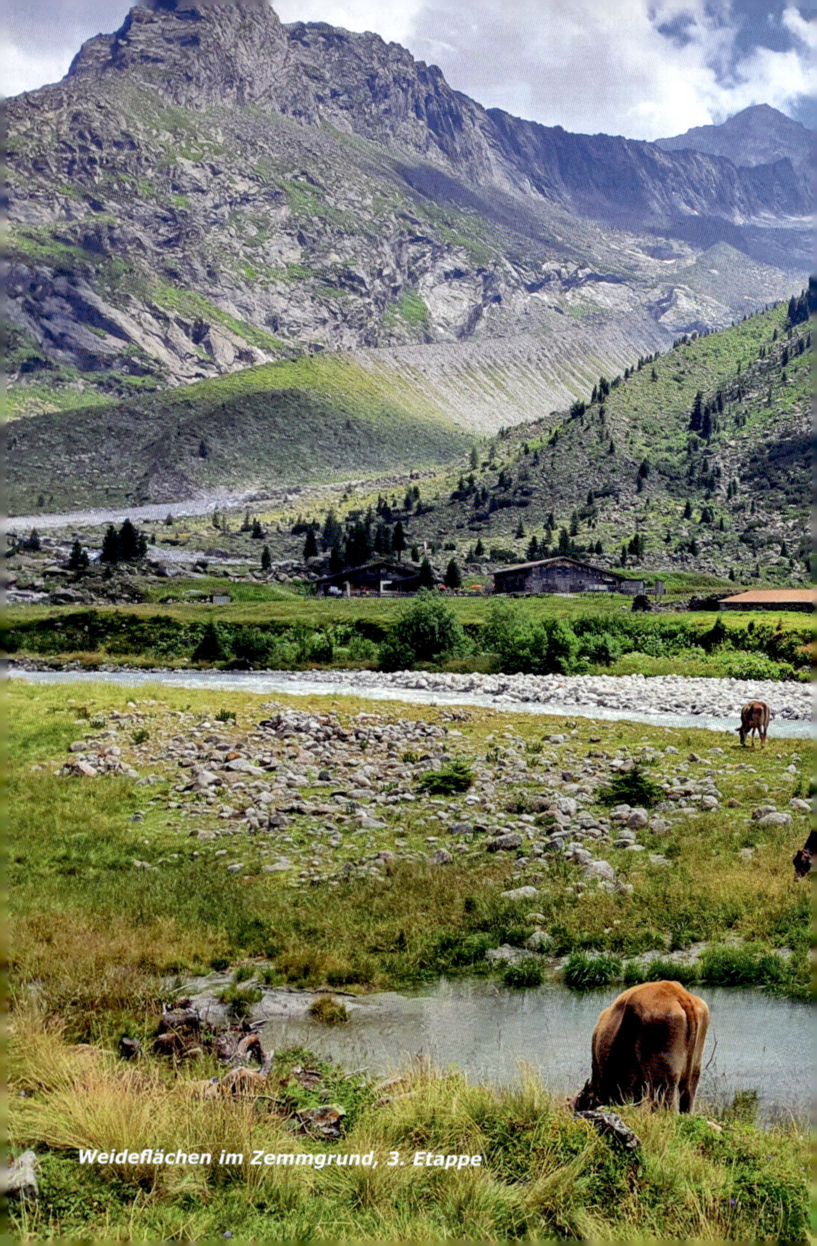
Weideflächen im Zemmgrund, 3. Etappe

Index

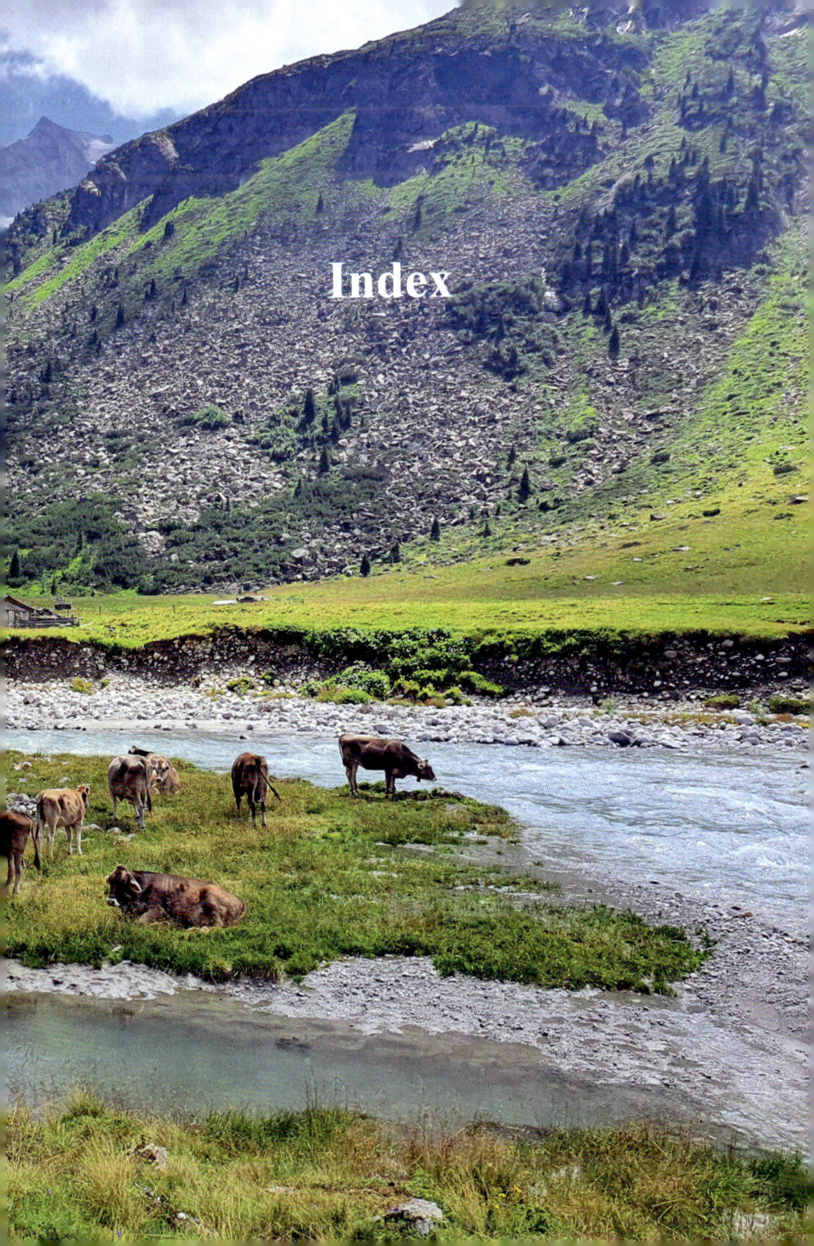

A

Adlerbühne 84
Ahornbahn 84
Alpengasthaus Alpenrose 87
Alpengasthaus Breitlahner 62, 64
Alpenrosenhütte 60, 63
Anforderungen 20
Anreise 20
Aschaffenburger Biwak 80
Aschaffenburger Höhenweg 78
Ausrüstung 22
Auto 20

B

Berliner Hütte 61
Blockwerk 80

D

Diplomatische Vertretung 23
Dominikushütte 53
Dritte Hornspitze 62

E

Einkaufen 24
Elektrizität 24
Essen 24

F

Falschseitenbach 50
Fauna 14
Fellenbergkar 81
Finkenberg 37
Floitenbach 69
Flora 14
Flugzeug 22
Frankenbachjoch 75
Friesenberghaus 47
Friesenbergsee 48
Funktionskleidung 22
Furtschaglhaus 55

G

Gamshütte 41
Garberkar 60
Geld 26
Geologie 17
Geschichte 12
Ginzling 37
GPS 27
Grawandhütte 63
Greizer Hütte 70
Großer Löffler 70
Großer Möseler 55
Grüne Wand 75
Grüne-Wand-Hütte 74, 77
Günter Rauch 75

H

Heiliggeistjöchl 76
Helmuts Fischerhütte 54
Hermann-Hecht-Weg 38
Hochfeiler 55
Hochgebirgs-Naturpark Zillertaler Alpen 13
Hoher Riffler 48
Hornkeesbach 61
Hund 33
Hüttenschlafsack 23

I

Informationsadressen 26
Internet 30

K

Kar 44
Karl-von-Edel-Hütte 82

Kaserleralm 46
Kasseler Hütte 75
Kasseler Spitze 75
Kebema-Panoramabrücke 50
Keilbachjoch 76
Kissenbezug 23
Klausenalm 63
Klima 26
Krötzelbergalm 78
Krummschnabelscharte 81

L

Landkarten 27
Lapenscharte 72

M

Markierungen 28
Maxhütte 68
Mayrhofen 89
Medizinische Versorgung 28
Moräne 60
Mugler 81
Müll 28

N/O

Notruf 29
Olperer 53
Olpererhütte 53

P

Penken 40
Peter Habeler 49, 76
Peter-Habeler-Runde 48
Peterköpfl 48
Pfitscherjochhaus 53
Popbergkar 81
Popbergnieder 81
Porta Alpina 75
Post 29

R

Radfahren 30
Reisezeit 26
Roßwandspitze 78

S

Samerkar 80
Samerkarjöchl 80
Sammerschartl 81
Schlegeis 53
Schlegeisspeicher 54
Schönbichler Horn 59, 66
Schönlahnerkopf 47
Schwarzenstein 70
Schwarzensteinhütte 66
Schwarzsee 68
Snackideen 24
Sonntagskarrunde 78
Sprache 30
Stillupgrund 73
Stilluptal 76
Südtiroler Ahrntal 76

T

Telefon 30
Teufelsbrücke 38
Toreggenkopf 81
Trinken 24
Trippachsattel 67
Tuxbach 38
Tuxer Alpen 53
Tuxer Kamm 50

U

Unfallversicherung 33
Unterkunft 31
Unterschrammachkar 53
Updates 32

V

Verkehrsmittel 32
Versicherung 33

W

Waxeggalm 62
Waxeggkees 59
Weißkar 80
Weißkareggl 80
Wesendlkarsee 47
Westliche Floitenspitze 70
Wettervorhersage 27
Wildschrofen 44
Wilhelmer 81

Z

Zamser Grund 53
Zamsereck 54
Zillertal 40
Zoll 33
Zug 21